Le financement participatif
Un nouvel outil
pour les entreprises

Groupe Eyrolles
61, bd Saint-Germain
75240 Paris Cedex 05

www.editions-eyrolles.com

Infographies : Lorraine and com

En collaboration avec Géraldine Couget

ISBN : 978-2-212-56343-6

Arnaud Poissonnier - Beryl Bès

Le financement participatif Un nouvel outil pour les entreprises

EYROLLES

REMERCIEMENTS

Arnaud Poissonnier

À Frédéric Roussel et Marie-Pierre Caley, les fondateurs de l'ONG française ACTED, qui m'ont permis, un jour de 2008, de découvrir le microcrédit pour au bout du compte lancer l'aventure Babyloan.

À Aurélie Duthoit, sans qui Babyloan n'aurait pu devenir ce qu'il est devenu.

À l'APM et tout particulièrement à Fleurke Combier, qui m'a confié en 2013 la prise en charge d'une expertise sur le crowdfunding et le financement d'entreprises au profit des membres de ce magnifique réseau.

À Maître Isabelle Cabre, mon experte juridique, sans qui Babyloan ou Unilend n'auraient peut-être pas vu le jour, et qui, en toute en modestie, est sans conteste l'une des meilleures juristes en France sur le crowdfunding.

À mon adorable compagne qui, en plus de son regard critique, a l'immense patience de supporter le bouillonnement incessant de mes idées et de mes projets, y compris quand il s'est agi de rédiger les lignes qui suivent… à la plage.

Beryl Bès

À toutes les porteuses de projet que j'accompagne depuis des années qui m'ont tant appris et, au bout du compte, inspiré MyAnnona, dont Élisabeth, qui m'a placée sur ce chemin.

À mon associée et amie Corinne, sans qui rien n'aurait eu lieu.

À Anne, Uta, Emmanuelle, Élise et Fatiha, qui m'ont appris à puiser dans mes ressources et à donner le meilleur de moi-même.

À Viviane et à Marguerite Cardoso pour leur confiance.

À mes amies Caroline, Marie, Nathalie, Viviane, Hadda, Stéphanie et Claire pour leur soutien sans faille dans cette grande aventure entrepreneuriale, avec une mention spéciale pour le pôle parisien : Pauline et Nathalie.

À mon mari et mes enfants qui m'ont soutenue dans ce projet, qui ont accepté de me perdre quelques semaines pour ce livre et supportent tous les jours ma passion pour le crowdfunding.

À tous ceux qui ont participé à la rédaction de cet ouvrage, les experts et les entrepreneurs interviewés.

SOMMAIRE

INTRODUCTION
ÉCONOMIE COLLABORATIVE, DÉSINTERMÉDIATION NUMÉRIQUE ET FINANCIÈRE

L'économiste autrichien Joseph Schumpeter parlait de « destruction créative » quand de nos jours on l'appelle souvent dans le numérique « désintermédiation numérique » ou encore « ubérisation ». Dans les deux cas, ce sont des innovations majeures qui rendent obsolètes des pans entiers de l'activité et détruisent des millions d'emplois. Ce mouvement naturel de l'économie qui n'a rien de nouveau, critiqué par les uns, encensé par les autres, n'est que l'expression d'une société et d'une économie de l'innovation qui avancent dans une sorte de jeu à somme nulle. Les emplois détruits dans l'ancienne économie sont reconstitués dans la nouvelle.

Une révolution en marche

L'actuelle révolution numérique ne fait pas exception et n'est, fondamentalement, qu'un nouvel épisode de cette antienne. Oussama Ammar, cofondateur de l'incubateur TheFamily et fin connaisseur du monde numérique, aime à comparer les actuelles innovations de ce secteur à des « barbares numériques », sortes de hordes d'applications qui attaqueraient les unes après les autres tous les secteurs traditionnels de l'économie. Il est vrai qu'une grande prise de hauteur est inutile pour constater jour après jour les attaques répétées de ces envahisseurs des temps modernes. Les secteurs dits intermédiés ou traditionnels sont envahis par des applications numériques destructrices des modèles de commerce et d'intermédiation classique. La SNCF se fait tailler des croupières par BlaBlaCar, Kiloutou se réveille encerclé par Ziloc et consorts, Michel mon taxi est provoqué par le cousin Uber, les experts-comptables bousculés par des cabinets d'expertise comptable en ligne, les plus gros tour-opérateurs de tourisme contournés par Airbnb, etc. La liste de ces grands métiers déstructurés et dématérialisés par des applications numériques de garage est presque sans fin.

Si la désintermédiation numérique nous inonde au quotidien, elle pose à nombre d'analystes la question de l'égalité de l'équation schumpetérienne : la révolution en cours ne détruit-elle pas plus qu'elle ne crée ? Si l'on regarde la puissance de désintermédiation permise par des applications gérées ou développées par des entreprises de taille somme toute assez modeste, la question mérite d'être posée. Les cas de BlaBlaCar ou de Lending Club interpellent dans le domaine des transports et de la finance. Le spécialiste américain de la prospective Jeremy Rifkin n'hésite pas à prédire une forme de destruction de la création de richesse et de valeur ajoutée financière, soit l'essence même du capitalisme, miné par des vagues d'innovations technologiques et numériques. L'innovation, moteur même du capitalisme en ce qu'elle permet de régénérer les profits et donc le financement d'innovations créatrices de richesse, aboutirait à un modèle horizontal, désintermédié et au coût marginal proche de zéro, qui contribuerait à sa propre destruction.

L'autre constat étonnant dans cette révolution en cours réside peut-être dans le phénomène d'émergence de géants qui ne sont pas contraints par l'acquisition et l'entretien d'actifs coûteux. Uber, dont la capitalisation boursière dépassait 41 milliards de dollars en mai 2015, ne possède aucune voiture ; idem pour le monstre Airbnb, qui n'est propriétaire d'aucun immeuble. La désintermédiation numérique en cours est une révolution sans possession, qui n'est plus le critère de la puissance. Seule la capacité d'interphase numérique l'est. Cette nouvelle économie collaborative ou du partage repose essentiellement sur la mise en contact directe d'usagers concernant un service ou un bien. Cela se traduit par l'émergence de l'actif d'usage et la rencontre des usagers plus que la possession. Ses potentialités sont infinies. Du haut de sa demi-décennie, l'économie collaborative ne serait-elle pas la simple fille de Meetic, le célèbre site de rencontres français créé fin 2001 ?

La désintermédiation illustrée

« *Le véritable progrès démocratique n'est pas d'abaisser l'élite au niveau de la foule, mais d'élever la foule vers l'élite* », écrivait le médecin et sociologue français Gustave Le Bon dans *Hier et demain – Pensées brèves* (1918). C'est une grande révolution que de permettre au grand public l'accès à des dizaines de métiers jadis intermédiés et réservés à des acteurs professionnels. Le crowdfunding n'échappe pas à cette tendance. Il marque l'émergence d'une nouvelle finance, désintermédiée, décomplexée et démocratique, mettant en contact les financeurs et le projet. Cette finance par le peuple a des airs de militantisme et d'engagement très symptomatiques de l'époque actuelle.

En effet, la finance traditionnelle n'est bien évidemment pas en reste. Elle a d'ailleurs, et sans doute sans s'en apercevoir, été l'une des premières, vers 2005, à être visée par ces barbares destructeurs. Ces applications qui osaient ainsi s'attaquer aux institutions bancaires intriguaient alors beaucoup... Cela se passait au Royaume-Uni et Zopa le précurseur n'était pas vraiment conscient du mouvement qu'il était en train de lancer, celui de la désintermédiation financière par le numérique, celui du crowdfunding et du *peer-to-peer lending* (prêt entre particuliers).

Le crowdfunding, littéralement « financement par la foule », porte bien son nom, barbare lui aussi. Que n'a-t-il pas été prononcé « cofonding », « cowfunding » « crodefooding », etc., par tant de nos contemporains, incapables de l'apprivoiser à la première prononciation ? Peut-être est-ce le présage de l'apparition d'un phénomène pas aussi simple que cela. C'est à l'issue d'une bataille entre « finance citoyenne » et « finance collaborative » que ce barbarisme imprononçable est en définitive devenu au pays des Gaulois la « finance participative », à peine plus évocatrice.

Le crowdfunding en plein *boom* est une formidable illustration du phénomène de la désintermédiation : financer son projet sans passer par la case des outils de la finance traditionnelle. Le barbare chargé de la besogne de désintermédiation financière attaque la finance d'actifs par la base, dessinant les fondements d'une finance « *bottom up* », par la simple mise en contact des investisseurs avec les porteurs de projet. N'en déplaise aux théoriciens des accords de Bâle II et III, avec le crowdfunding, il n'est plus nécessaire de posséder des fonds propres pour prêter, ou de détenir des actifs pour investir, puisqu'il suffit de mettre en contact ceux disposant de ressources avec ceux qui en recherchent. Là encore, cet outil de financement ne possède pas d'argent. Cette révolution crée des conséquences colossales dans le monde numérisé qui se construit sous nos yeux. Elle est porteuse à la fois de grands espoirs pour le financement de l'activité et de grands risques pour ceux et celles qui ne cerneraient pas les règles de son fonctionnement.

Si l'on a longtemps assimilé le crowdfunding en France à MyMajorCompany, on le doit au fils de Jean-Jacques Goldman, Michaël, qui eut la belle idée de lancer en 2007 la première plateforme de crowdfunding dédiée au financement des artistes. On a alors pensé que ce dernier avait une vertu formidable : permettre le financement des porteurs de projet habituellement exclus des financements traditionnels. Les inventions de Zopa (2004) puis de Kiva (2005) dans les domaines du prêt personnel et du microcrédit avaient eu quelques années auparavant le même ADN : l'idée d'une finance alternative et complémentaire des financeurs traditionnels, capable de financer les exclus de la finance traditionnelle. Pourtant, on constate qu'entre les quelque deux mille sites existants dans le monde, cette frontière est de plus en plus poreuse et les deux univers bien plus consanguins qu'on ne l'imaginait.

Un potentiel énorme

Le domaine du financement d'entreprise en est la preuve la plus évidente. Si le crowdfunding s'est à l'origine développé dans la culture, la solidarité et la créativité, c'est le financement de l'entreprise et de l'entrepreneuriat, chasse gardée de la banque et de la finance d'investissement, qui en devient aujourd'hui l'un des enjeux les plus importants. Le cumul des initiatives et des adaptations législatives dans nombre de pays a largement ouvert au crowdfunding l'univers du financement de l'entreprise. Au Royaume-Uni, le financement d'entreprise représente plus de 50 % de la collecte des sites de crowdfunding. En France, le cadre réglementaire adopté quand Fleur Pellerin était ministre déléguée aux PME, à l'Innovation et à l'Économie numérique permet un formidable développement du métier dès lors qu'il est cantonné au financement de projets professionnels et donc entrepreneuriaux et d'entreprise.

Au regard des énormes potentialités de collecte du crowdfunding dans le monde autant qu'en France, on estime son potentiel pour le seul financement d'entreprises à plusieurs milliards d'euros. Mieux, le crowdfunding de financement professionnel est même devenu un enjeu politique qui permet et permettra aux politiques, au fil des ans et des campagnes électorales, de mettre en avant un outil prétendument efficace de financement du développement économique et donc pour la création d'emploi, sans que cela ne coûte le moindre centime à l'État. Politiquement, libéraliser le crowdfunding, c'est adresser aux électeurs un message fort sur la volonté des pouvoirs publics de soutenir le développement économique et à la création d'emploi. Tentant, non ?

Un livre à vocation pratique et pédagogique

Cet ouvrage ambitionne de présenter le crowdfunding dans ce qu'il apporte et apportera au financement de l'entreprise dans toutes ses dimensions et sous toutes ses formes : le don, le prêt et l'investissement en capital. Cela suppose une présentation détaillée non seulement des outils du crowdfunding, mais aussi des modes de fonctionnement, des particularismes, et des dangers autant que des espoirs dont il est porteur. Les outils de crowdfunding sont aussi multiples que divers dans leur philosophie, le mode de financement qu'ils proposent comme les limites et les dangers auxquels ils exposent leurs utilisateurs. Ils ne sont pas de simples outils (tombés du ciel) au service de tous les entrepreneurs, mais surtout un moyen de compléter le financement d'entreprises et de gagner en visibilité, plus que des barbares visant à anéantir le système bancaire. C'est ce voyage que vous propose cet ouvrage à vocation pratique autant que pédagogique. Vous y découvrirez :

- ce qu'est le crowdfunding ;
- quel type de crowdfunding choisir pour son entreprise ;
- comment préparer, animer et réussir une campagne de crowdfunding ;
- quelle plateforme choisir en fonction de ses besoins et de ses ressources.

Chapitre 1

DÉCOUVRIR L'UNIVERS DU CROWDFUNDING POUR L'ENTREPRISE

À savoir

— Le crowdfunding existe depuis fort longtemps (de l'évergétisme des cités grecques à la construction et au transport de la statue de la liberté).
— Sa version XXIe siècle vient du monde anglo-saxon : d'abord au Royaume-Uni avec Zopa, puis aux États-Unis avec Kiva et Kickstarter (2010).
— Il a permis et permet de financer des projets en faisant appel au plus grand nombre.
— Grâce à Internet, il dispose d'un effet de levier hors du commun.
— Son impact social sur notre économie n'en est qu'à ses débuts.

Définitions et origines

Un peu d'histoire

Qu'est-ce que le crowdfunding, le fameux financement participatif en bon français ? Le « financement par la foule » porte bien son nom, puisqu'il fait référence à l'ensemble des outils numériques qui permettent à des internautes, « la foule », d'aider des projets en recherche de financement. La définition du crowdfunding semble donc assez simple : l'ensemble des sites Internet *via* lesquels les internautes dits « contributeurs » peuvent financer un projet de leur choix. On trouve ici deux dimensions essentielles : la capacité de mobilisation d'une foule ou d'une communauté pour le financement de projets déterminés.

On entend souvent que le crowdfunding consisterait à financer des projets sur les réseaux sociaux. Cette approche est inexacte, tant les réseaux sociaux ne sont en fait qu'un moyen de diffusion d'une campagne de crowdfunding, pas la campagne de financement elle-même.

Si l'on s'en tient à cette définition, nombre de sites dits de crowdfunding n'en seraient en fait pas du tout, dont notamment les grands sites mondiaux de prêts à la consommation tels que Zopa ou Lending Club aux États-Unis. Leurs modèles ont progressivement évolué de la contribution affectée à un projet à la contribution mutualisée ; et le contributeur investit désormais son épargne dans des paniers de prêts à la consommation attribués par le site à des emprunteurs demandeurs. Peut-on encore parler de crowdfunding quand l'argent versé par l'épargnant n'est plus directement affecté au projet de son choix ? Il est franchement permis d'en douter, sauf à accepter la dénaturation de l'esprit de ce nouvel outil de financement de l'économie. Au Royaume-Uni, par exemple, cette industrie du prêt intermédié se distingue du crowdfunding en étant plutôt appelée « *peer-to-peer lending* ».

Le crowdfunding serait-il une merveilleuse invention des barbares numériques du XXIe siècle ? Ce serait trop d'honneur que de leur accorder une telle paternité. En fait les choses sont bien plus simples que cela et le crowdfunding est là depuis toujours. Comme Monsieur Jourdain et la prose, nous en faisons depuis toujours sans même parfois le savoir. Au risque de décevoir et qu'il s'agisse de nos bonnes vielles souscriptions publiques ou de financement par la foule, le financement participatif, dans son essence, est vieux comme le monde.

Sur Wikipédia, le dictionnaire de la foule, la (vieille) notion de souscription est définie comme « l'engagement pris par un particulier de fournir à une date convenue une somme d'argent pour le financement d'une œuvre ou d'une entreprise en cours de préparation. Elle garantit le créateur d'un retour financier qui peut le motiver à aboutir un travail qu'il aurait autrement abandonné, par exemple dans le monde de l'autoédition ou lors de la construction d'un monument commémoratif ». Si ce n'est pas du crowdfunding, ça !

Déjà dans les cités grecques puis romaines, les citoyens riches étaient appelés à la rescousse pour contribuer sous forme de don au financement d'édifices d'utilité publique, de banquets publics, voire à un effort de guerre, notamment pendant les guerres puniques ; cela s'appelait l'évergétisme. Les exemples de campagnes de mobilisation des foules pour le financement d'un projet sont légion : le canal de Suez, la statue de la Liberté, la construction du tunnel sous la Manche, les grands emprunts, les guerres. Autant de projets qui ont mobilisé les foules autour d'un rêve ou d'une grande cause : celui de financer en commun l'édification d'un projet symbolique ou stratégique. La mobilisation autour de projets symboliques est également et bien souvent l'un des moteurs importants du crowdfunding (par exemple, le sauvetage des madeleines Jeannette, voir le témoignage de Georges Viana en fin d'ouvrage).

Quel que soit l'outil utilisé, le crowdfunding nous entoure donc depuis toujours. À y regarder de plus près, l'on découvre bien d'autres formes de mobilisations financières citoyennes : les clubs d'investissement, les introductions en Bourse, les cafés citoyens en Afrique, etc. Il n'y a pas de limites dans la forme et le mode de mobilisation des communautés de financement. Là est l'essentiel : dès lors que l'homme réussit à mobiliser une communauté d'intérêts autour d'un projet, rien ne l'empêche de l'associer à un projet de financement. Tel est le potentiel du crowdfunding.

Mais alors, le crowdfunding n'aurait donc rien inventé ? En fait, cet outil est surtout et avant tout un formidable accélérateur, grâce au numérique, de la mobilisation du grand public ainsi qu'une puissante courroie de transmission entre le financeur et le financé. C'est en cela qu'il permet une formidable démultiplication des financements de projet et donc de l'activité économique dans le monde.

Les premières heures du crowdfunding

Quel fut le premier site de crowdfunding ? La question n'engendre jamais la même réponse. Il est néanmoins un site qui a marqué de son empreinte l'émergence de cette nouvelle technique de financement. Zopa a été lancé en Grande-Bretagne en 2004 sur le postulat qu'il n'y avait pas de raison que les exclus du crédit à la consommation le restent éternellement : le *peer-to-peer* de crédit était né. Le principe ? Proposer à tout un chacun de solliciter le grand public après avoir publié en ligne sa fiche signalétique assortie de sa demande de financement. Même s'il a rapidement été rattrapé par la réglementation bancaire, Zopa a lancé le mouvement et distillé dans le monde du Web l'élixir de la désintermédiation financière numérique. Ce sont aussi les Britanniques qui ont imposé le crowdfunding comme l'un des nouveaux moyens de collecte des ONG auprès du grand public. JustGiving, le monstre de la collecte caritative, a beaucoup contribué à optimiser la technique de l'autocollecte, dont nous parlerons plus loin.

Les Américains, pour une fois dans la position de suiveur, ont rapidement emboîté le pas aux Britanniques. L'emblématique lancement de Kiva a diffusé à travers le monde une première déclinaison significative de l'idée de Zopa dans le domaine du microcrédit. Il s'agissait cette fois de permettre à la communauté des internautes et dans une démarche solidaire de prêter de l'argent à des micro-entrepreneurs des bidonvilles et des campagnes rurales du monde entier. Depuis 2005, ce site est l'une des plus belles *success stories* de l'histoire du crowdfunding : une communauté de plus d'un million cinq cent mille membres contribuait en 2015 à lutter contre la pauvreté dans le monde.

Ce sont aussi les Américains qui ont enfanté en 2010 la plus grosse plate-forme dite de don récompense, Kickstarter, rapidement suivie par son concurrent direct Indiegogo. C'était le début de la grande conquête du don récompense (ou « don *rewards* ») qui représente aujourd'hui 40 % de la collecte et dont les français KissKissBankBank et Ulule sont de grands représentants en Europe. Prêt à la consommation, microcrédit, humanitaire et culture, le crowdfunding se dévoilait dès ses débuts dans sa véritable capacité de diversification et d'intrusion dans des sphères très distinctes de l'activité économique. Ce n'était qu'un début. Alors qu'elle inquiétait la grande finance britannique, elle faisait plutôt sourire en France dès lors qu'elle se cantonnait à financer des artistes en mal de soutien financier. Quelle erreur !

L'arrivée du financement d'entreprise dans le crowdfunding

On connaît les étapes traditionnelles du financement, du lancement et du développement de l'entreprise. L'entrepreneur crée progressivement plusieurs strates de financement, dont la première, sans doute la plus naturelle aux prémices de son projet, est celle des « 3 F » (*Friends* (amis), Famille et... Fous). Puis, fort de ses premières réalisations, l'entrepreneur s'adresse aux établissements financiers, aux organismes délivrant des prêts d'honneur, aux *business angels* et/ou aux sociétés de levée de fonds, etc.

Aujourd'hui et grâce à Internet, l'entreprise se voit dotée d'un nouvel outil de financement, celui qui permet de faire appel, en quelques clics, à la communauté des internautes du monde entier. Cet effet de levier permet notamment de faire émerger des projets qui n'auraient jamais vu le jour autrement.

L'apparition du financement de l'entreprise dans le financement participatif est un peu plus tardive que celle des autres métiers du crowdfunding. Là encore, c'est sans doute un site anglais qui a lancé un mouvement dont les potentialités sont colossales. Funding Circle, lancé en 2010, a été le premier à proposer le financement des besoins d'investissement ou en fonds de roulement de l'entreprise par une mécanique de financement participatif. L'entreprise filtrée en amont peut s'y faire financer par la communauté des prêteurs qui lui accorde des prêts commerciaux en ligne. Le métier du crowdfunding de fonds propres, le *crowdequity*, est lui aussi né outre-Manche.

Plusieurs raisons expliquent pourquoi le financement participatif des entreprises n'était pas complètement évident au tout début. Tout d'abord, le montant du financement en jeu paraissait au départ bien élevé pour une campagne de collecte sur la Toile. Mobiliser 2 000 à 3 000 euros à coups de tickets unitaires de 50 euros est une chose, mobiliser plusieurs dizaines, voire centaines de milliers d'euros par le même procédé en est une autre. En outre, la notion de communauté mobilisable pouvait paraître moins évidente s'agissant d'un financement plus professionnel et commercial qu'affectif ou empathique. Ces facteurs expliquent sans doute qu'il ait fallu attendre une plus forte maturité du marché et notamment l'apparition des contributeurs institutionnels et épargnants pour que cette forme de financement se démocratise auprès des entreprises.

L'idée a pourtant et progressivement trouvé sa légitimité et son marché pour devenir au final un enjeu du secteur. Le financement professionnel et d'entreprise est en train de devenir un sujet majeur et un domaine à part entière de ces techniques de financement. Selon les pays en effet, la collecte en crowdfunding pour les entreprises représente 20 à 50 % des sommes collectées. Certains pays, dont la France, ont purement et simplement décidé de cantonner l'exercice d'une grande partie des outils du crowdfunding au seul financement de l'initiative et du développement entrepreneurial.

Les grands chiffres et les perspectives

Les données chiffrées actuelles

En 2014, 152 millions d'euros ont été consacrés en France au crowdfunding, dont 76 millions *via* Prêt d'Union, la première plateforme de crédit entre particuliers ; au seul premier semestre 2015, 133 millions d'euros, dont 61 millions *via* Prêt d'Union, y ont déjà été consacrés.

De quoi parle-t-on ? D'une masse de capitaux en croissance exponentielle qui, grâce à la démultiplication des sites de crowdfunding, se déverse sur le financement de projets créatifs et innovants. La tendance est assez impressionnante. Il existe à ce jour près de deux mille sites de finance participative (un nouveau est créé chaque jour dans le monde), qui ont cumulé à fin 2015 plus de 35 milliards de dollars de collecte destinés au financement de projets. Bien évidemment, ce chiffre reste modeste au regard de la masse colossale de fonds qui finance chaque année le tissu économique mondial *via* les acteurs de la finance traditionnelle. Néanmoins, le taux de croissance du crowdfunding impressionne : passer d'un cumul de collecte mondial de 16 milliards de dollars à fin 2014 à plus de 35 milliards à fin 2015 montre la force du mouvement et sans aucun doute tout son potentiel. Le secteur du crowdfunding croît de plus de 100 % par an ; certains analystes lui prêtent un potentiel de 1 000 milliards de dollars à horizon 2022. C'est dans ce chiffre que réside le véritable intérêt du crowdfunding, bien plus que dans celui de ses premières années de contribution.

Les chiffres dans le monde

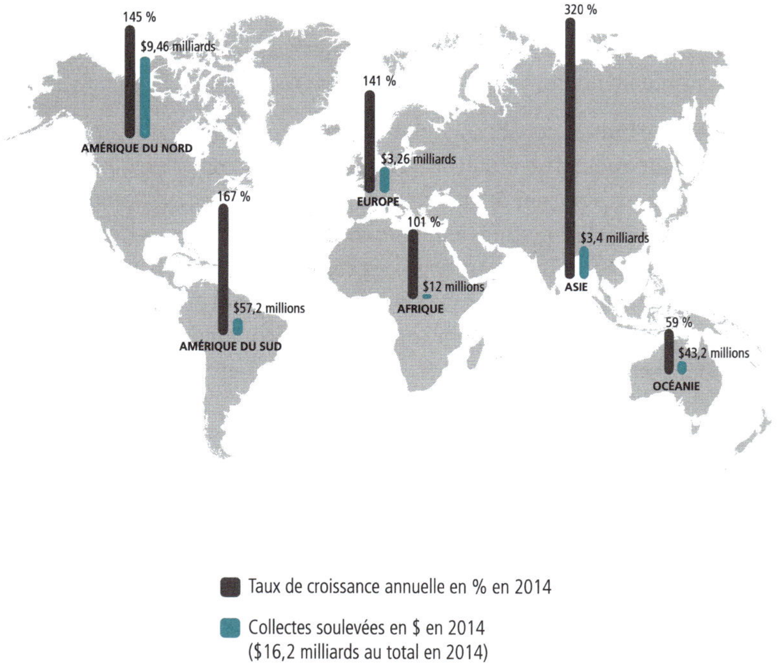

Source : Massolution 2015 CF

L'Europe n'est pas en reste avec environ trois cents sites pour un montant collecté en 2014 de près de 3 milliards d'euros. Le Royaume-Uni, moteur du secteur sur le Vieux Continent, représente à lui seul 80 % de la collecte. Mieux, les sous-tendances du crowdfunding montrent que le financement d'entreprise prend une place de plus en plus importante. Si cette inclination s'explique par l'appropriation progressive de l'outil par le monde de l'entreprise ainsi que par l'adaptation des réglementations locales, elle est aussi due au fait que les volumétries unitaires moyennes de projets sont bien supérieures à celles des autres typologies de projets financés par le crowdfunding. Les sommes que cela peut représenter sont impressionnantes

Les chiffres en Europe

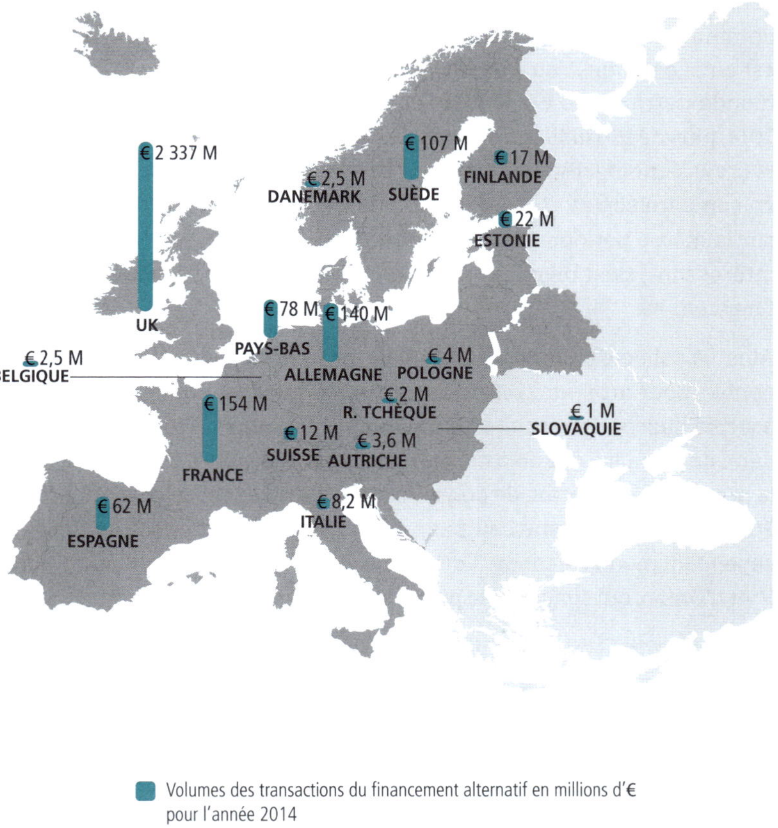

Source : « Moving Mainstream : The European Alternative Finance Benchmarking Report », EY & University of Cambridge ; February 2015

pour le financement à venir de l'entreprise et plus généralement de l'activité économique autant que pour la création d'emploi. Rien qu'au Royaume-Uni, le financement d'entreprise représente 50 % de la collecte. La France, deuxième pays européen en termes de volumétrie, et du fait des particularismes de la réglementation adoptée en 2014), s'oriente aussi dans cette direction. Le crowdfunding, depuis son apparition, a déjà permis de financer plus de cent trente-cinq mille entreprises en Europe.

Dans l'Hexagone

La France ne pouvait pas ne pas participer à la fête ! Elle est même l'un des meilleurs élèves en Europe sur le sujet. Depuis l'apparition de MyMajorCompany, plus de 140 plateformes se sont déployées dans l'ensemble des métiers du secteur. Ce chiffre ne cesse de se développer, notamment depuis l'adoption d'un cadre législatif très complet. La France est ainsi devenue, l'air de rien, le troisième pays le plus contributeur au monde derrière les États-Unis et le Royaume-Uni. Sur la seule année 2014, plus de 150 millions d'euros de fonds ont été collectés en France par le crowdfunding. Évidemment, cette somme peut sembler bien ridicule en comparaison avec les 184 milliards d'euros de financement accordés sur la même période par les établissements bancaires... Mais ce qui est intéressant, c'est bien le taux de croissance de ces nouveaux outils de financement.

Ainsi, la collecte de fonds sur les plateformes de crowdfunding a presque doublé, pour atteindre 152 millions d'euros en 2014, comme nous l'avons précisé plus haut. La collecte a doublé en six mois. Plus d'un million et demi de Français ont déjà contribué depuis 2008, date de la naissance de la première plateforme de dons. Un quart d'entre eux se disaient prêts en 2015 à participer à une campagne de collecte. Ces chiffres doivent être cependant modulés, car 50 % de cette collecte est réalisée par la plateforme Prêt d'Union, qui concerne le prêt à la consommation[1] (voir page 82).

Les plateformes de prêt ont collecté 88,4 millions d'euros en 2014 (+ 84 % par rapport à 2013), suivies par les plateformes de don : 38,2 millions (+ 97 %), puis d'investissement en capital : 25,4 millions (+ 146 %). Le montant de collecte moyenne par projet varie de 376 733 euros pour le capital, à 65 448 euros pour le prêt et environ 3 500 euros pour le don avec ou sans récompense.

1 Lire en complément : http://www.latribune.fr/entreprises-finance/le-crowdfunding-francais-affiche-de-nouvelles-ambitions-506203.html

Alors que vingt mille trois cent quatre-vingts projets ont été mis en ligne en 2014 sur l'ensemble des plateformes, depuis 2008, soixante-quatre mille cinq cents projets ont été financés grâce au financement participatif en France. Les statistiques relatives au prêt en crowdfunding sont néanmoins sujettes à un débat relatif à l'énorme contribution signalée plus haut du seul site Prêt d'Union, dont l'éligibilité aux outils du crowdfunding pose question (voir le chapitre 4).

Ce succès de la finance participative bénéficie à des secteurs d'activité variés : alors que les plateformes de don soutiennent majoritairement des projets culturels et solidaires (82 % des projets des plateformes de don avec récompense, 70 % des projets des plateformes de don simple), les plateformes de prêts et de capital contribuent principalement aux projets de développement des entreprises, qui sont en nette hausse (près de 100 % des projets). Cela constitue une tendance forte du secteur.

Depuis 2008, un million et demi de financeurs, majoritairement âgés de 35 à 49 ans, ont soutenu un projet sur une plateforme de crowdfunding française. La contribution unitaire moyenne en 2014 s'élevait à 4 470 euros pour l'investissement en capital, 561 euros pour le prêt rémunéré, et 60 euros pour le don.

3 QUESTIONS À...

Nicolas Lesur, fondateur et directeur général d'Unilend

Quel est le potentiel de financement des entreprises françaises par le crowdlending ?

On peut difficilement le mesurer, mais il semble assez élevé. Chaque année, les banques prêtent aux entreprises françaises, surtout aux TPE-PME, 70 milliards d'euros. Si le financement des investissements matériels est logé à bonne enseigne, celui de la trésorerie et des investissements immatériels (travaux, recrutement, développement de logiciel, petit matériel, etc.) est plus difficile. Les banques ont en effet besoin de prendre des garanties s'appuyant sur des éléments tangibles, physiques. Les sites de crowdlending comme Unilend pallient ce problème. Nous n'en sommes qu'aux balbutiements – nous sommes le premier acteur sur le marché depuis 2013, et les montants atteints restent modestes, environ 10 millions d'euros par an. Cependant, le taux de croissance annuel est de 100 %. De leur côté, les chefs d'entreprise doivent changer leurs habitudes. Ils sont très nombreux à ne pas savoir que ce type de solutions existe ! Quant aux plateformes, elles doivent aussi mener des actions individuelles. Unilend diffuse des publicités à la télévision, fait du marketing Internet, rédige des articles... Même les acteurs institutionnels reconnaissent dans leurs différents rapports le rôle du crowdlending. Il y a deux ans, personne ne savait ce que c'était. Aujourd'hui, on se demande quelle taille il va prendre ! Nous sommes un peu comme en 1997, quand l'e-commerce a démarré.

De nombreux sites de financement d'entreprises par le prêt commercial arrivent sur le marché. Est-ce une solution miracle ?

Non, mais cela va contribuer à soulager certains problèmes, dont la faiblesse du dispositif de financement des TPE-PME. Mais il ne faut pas rêver : on ne peut pas prêter à n'importe qui. Les sites doivent donc sélectionner soigneusement les projets. Les particuliers qui prêtent des fonds ont besoin de savoir qu'ils seront remboursés. De leur côté, ils souhaitent reprendre le contrôle de leur argent. Or les banques proposent des produits compliqués, type assurance-vie, ce qui ne convient plus à tous ceux qui veulent plus de transparence, plus de traçabilité. C'est le cas de nos clients, notamment les moins de 40 ans, qui en représentent la moitié. Se montrer sélectif est donc essentiel pour construire la confiance. Bien sûr, le temps et les volumes aidant, les critères se desserreront grâce à l'expérience acquise. On l'observe déjà dans les pays anglo-saxons, où le phénomène a pris beaucoup d'ampleur, avec des milliards de dollars de financement.

Les financements que vous accordez aux entreprises sont-ils complémentaires de ceux des banques ou les concurrencent-ils ?

Ils sont plutôt complémentaires, car comme je le disais plus haut, nous finançons ce qui n'est pas bien pris en charge par les banques. Celles-ci prêtent en fonction de la typologie des entreprises, des secteurs d'activité, des régions, etc. Elles sont donc ravies de compléter leur offre avec un non-concurrent. Elles sont déjà nombreuses à conseiller à leurs clients de se tourner vers nous pour certains financements plutôt que vers d'autres banques. Nous sommes donc en train de devenir partenaires. Ce phénomène est amené à durer, car une telle répartition du financement me semble saine. Nous construisons une place de marché pour les prêts aux entreprises. C'est l'une des voies crédibles pour l'avenir.

Des potentialités colossales pour le tissu entrepreneurial français

Si les estimations relatives au potentiel du crowdfunding en France tournent autour de 6 milliards d'euros de collecte cumulés d'ici à 2022 environ, les dispositions réglementaires de 2014 concentrent le développement d'une grande partie des sites de crowdfunding (le prêt commercial et le crowd-equity pour le financement de projets professionnels et donc pour l'essentiel pour les entreprises). Une très large partie des futurs financements en crowdfunding à venir en France sera réalisée sur du financement d'entreprise ; et l'on peut imaginer que la moitié des sommes évoquées, autour de 3 milliards d'euros, complétera les outils de financement traditionnels de l'entreprise. Si ces chiffres se confirment, l'on est en présence d'un puissant outil contributif au financement du tissu entrepreneurial français, en particulier dans sa capacité de financement de l'amorçage et des PME.

Le digital : un marché révolutionnaire en pleine croissance

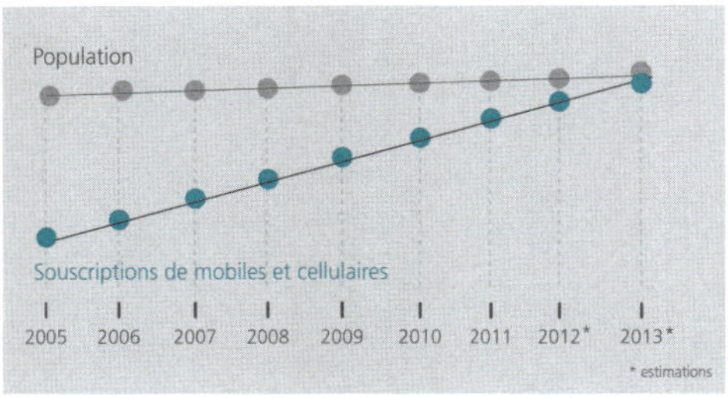

Les chiffres des deux schémas suivants parlent d'eux-mêmes. Ce nouveau marché est colossal. En quelques clics, une personne peut soutenir un projet à l'autre bout du monde ou à côté de chez elle. Grâce à la connexion Internet, les moyens de fédérer des personnes autour d'un projet entrepreneurial ont été desintermédiés et donc largement facilités.

La puissance des réseaux sociaux (2014)

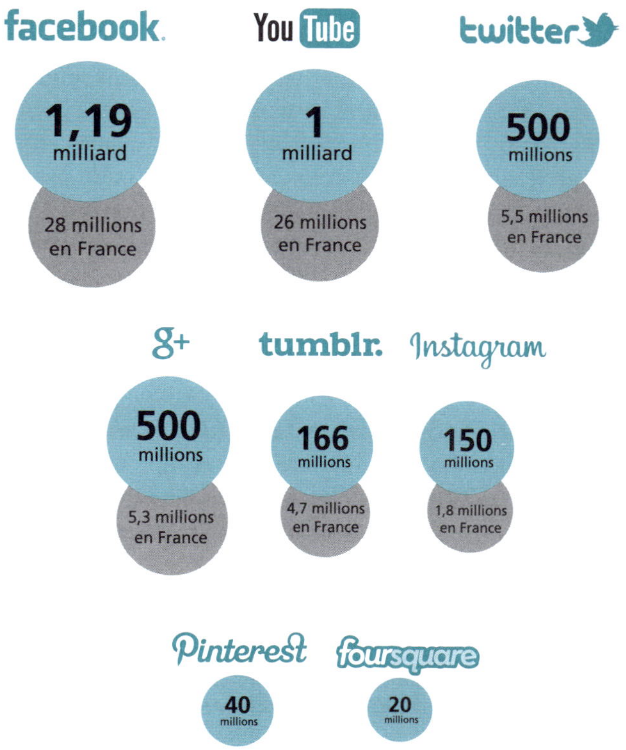

Source : VANKSEN « Connecting brands and constumers »

Nous le verrons néanmoins, toutes les entreprises ne seront pas élues et de grandes déceptions se profilent dès lors que l'on regarde en détail les modes de sélection et de tri des dossiers par la grande majorité des sites de financement d'entreprises.

Une certaine prudence face à ce marché naissant

La croissance du secteur est impressionnante, tant par le nombre de sites qui se créent que par la hausse exponentielle de la collecte. Plusieurs explications à cela.

– Une mode chez les « start-upper » : oui, le crowdfunding est tendance. Il est très amusant de découvrir chaque jour la cohorte d'anciens banquiers et financiers, dont vos serviteurs, qui se ruent sur le lancement de nouveaux sites, reniant parfois leur ancien métier qu'ils se mettent soudainement à critiquer. Tout est bon pour tenter de gagner des parts de marché. Cette mode s'intègre dans un mouvement bien plus large qu'est celui du développement généralisé de l'économie collaborative et du partage. C'est lui qui dans son ensemble génère chaque jour de nouvelles initiatives inspirées par les précurseurs que peuvent être Airbnb, BlaBlaCar et bien d'autres. Dans la finance participative, les précurseurs tels qu'Ulule, KissKissBankBank dans le don récompense, ou Wiseed et Anaxago dans le crowdequity sont eux aussi et à leur manière de sacrés inspirateurs pour de nouveaux porteurs de projet.

Cette démultiplication des sites et de la création de start-up sur le sujet n'est pas sans danger. En effet, nombre des créateurs, grisés par l'image que véhiculent le crowdfunding et les impressionnants taux de croissance affichés par les uns ou les autres, veulent eux aussi participer à la fête. Cette image n'est pourtant pas si rose que cela et le coût d'acquisition clients ou de gain de parts de marché augmentera d'autant plus sensiblement que le nombre de sites explosera. En deux mots, les modèles économiques du secteur sont lourds et tributaires de volumétries importantes. Aujourd'hui et pour qui n'a pas 5 ou 10 millions d'euros à investir, il sera bien difficile de se faire une place au soleil...

– Près de la moitié des sites de financement participatif sont des mécaniques fondées sur l'autocollecte. En d'autres termes, des outils qui reposent sur la capacité du porteur de projet à collecter autour de lui bien plus que sur la capacité du site à collecter pour le porteur du projet. Ce faisant, plus il y a de sites dits d'autocollecte, plus il y a de projets à financer en ligne et plus la collecte s'accélère, dopée par la démultiplication des petits collecteurs acharnés et ultra-motivés par la réussite de leur collecte. En somme, une force commerciale gratuite et sans autre limite que celle de l'acceptation par tel ou tel site de crowdfunding... Ce potentiel-là, presque illimité, fait toute la force du système.

– Dans le domaine des sites dits d'épargne, le taux de croissance est pour l'essentiel dû aux innovations qu'apportent ces sites à des épargnants en recherche d'alternatives aux faibles niveaux de rémunération de leur épargne traditionnelle. Ils ouvrent aussi la voie au grand public à des formes d'investissement jadis réservées à des initiés ; on pense notamment à la démocratisation de l'investissement en capital et en *equity* que permettent les sites spécialisés sur le sujet.

Ces trois facteurs expliquent l'énorme croissance du secteur dont les perspectives, avant d'en découvrir un jour les limites, restent colossales.

Les paradigmes du financement de l'entreprise et l'allocation d'actifs bousculés

Le nouveau paradigme de la finance

L'essor du crowdfunding intervient dans un contexte très particulier de l'épargne dans l'Hexagone. En effet, les Français disposent d'une épargne disponible de 4 260 milliards d'euros. Leur taux d'épargne, à 16 %, est le plus important en Europe. Cependant, les rémunérations proposées par les outils traditionnels de l'épargne sans risque sont plus faibles que jamais. Entre les taux des SICAV monétaires à 0 %, l'épargne en livret inférieur à 1 % (dont les Français se désengagent), les fonds généraux de compagnies d'assurance-vie à 2,50 %, les perspectives de rémunération sans risque des actifs financiers sont extrêmement faibles, voire négatives en termes de taux réels. Ceci explique peut-être la prédisposition des épargnants à envisager certains arbitrages de leurs actifs *via* certains outils du crowdfunding : par exemple, les sites de prêt commercial, s'ils ne garantissent pas le capital sur le placement réalisé, proposent des rémunérations comprises entre 5 et 10 %, donc tout à fait exceptionnelles par les temps qui courent. Il n'est pas certain, compte tenu du risque encouru, que les outils de prêt auraient rencontré le même succès dans un contexte de taux garantis en France à 5 %, ce qui ne remonte pas à si longtemps que cela pour qui s'en souvient.

Les risques identifiés pour les internautes contributeurs

Cette forme d'arbitrage n'est pas sans danger si les sites qui proposent de tels produits n'informent pas assez le contributeur sur les risques encourus. C'est un sujet très important qui pourrait ternir l'image des sites d'épargne le jour où des contributeurs de bonne ou de mauvaise foi se retourneront contre un site pour défaut de conseil par exemple. On connaît la tendance des tribunaux français à protéger « la veuve de Carpentras » et à vouloir responsabiliser les acteurs professionnels.

3 QUESTIONS À...

Benoît Granger, administrateur de l'association Financement Participatif France (FPF), chargé de la déontologie

Quels sont les risques majeurs pour tous les acteurs de ce nouveau marché ?

Il en existe deux majeurs. Quand les financeurs font des prêts ou des investissements à risque, ils peuvent perdre tous leurs fonds, mais sans forcément comprendre pourquoi. Il en découle un second risque : celui de la réputation du crowdfunding. Même si 98 % des opérations se déroulent bien, les 2 % qui se passent mal font tant de bruit dans les médias et les réseaux sociaux que cela peut donner une image négative de toute la profession.

Quelles sont les solutions raisonnablement envisageables à ce jour ?

Adopter les bonnes pratiques des trois métiers du financement participatif (dons avec ou sans contreparties, prêts avec ou sans intérêts, investissements à risque). Si par exemple une personne a besoin de fonds pour créer un orphelinat au Népal, ses contributeurs doivent savoir si le projet devient bien réalité. De même, si une start-up prétend avoir découvert l'invention du siècle, cela doit se traduire concrètement dans les faits. Ces bonnes pratiques sont d'une part la transparence : il s'agit d'informer de façon loyale et complète, côtés emprunteur et contributeur. En outre, il faut de la traçabilité : l'auteur du projet doit connaître la provenance de l'argent. Enfin, la loyauté de la transaction est primordiale. On peut cependant être loyal et naïf. Devenir actionnaire d'une start-up représente un risque majeur, ce qui nécessite d'avoir l'expérience de ce qu'est une jeune pousse. Si « la veuve de Carpentras » vide son Livret A pour financer ce type de projet, elle risque d'être déçue ! Il faut donc s'adresser aux bons investisseurs. Cette troisième bonne pratique relève du bon sens et est confortée par la réglementation : l'accès aux projets de prêt et investissement est progressif. Avant de verser des fonds, les prêteurs et les investisseurs doivent montrer leurs connaissances et leur expérience en la matière.

Comment FPF est-il organisé et comment envisage-t-il l'avenir ?

Nous sommes organisés sous forme de collèges qui reflètent l'existence de ces trois métiers assez différents. Nous essayons de définir une déontologie commune, les bonnes pratiques, et faisons du lobbying auprès du gouvernement, qui nous écoute – ce qui est une bonne chose. Ainsi, le statut juridique pour les prêts et les investissements a été obtenu relativement rapidement. Attention : nous ne sommes pas les contrôleurs des plateformes ! Ce sont les deux autorités financières indépendantes, l'AMF[1] et l'ACPR[2], qui régulent ce nouveau marché. Il est donc essentiel de les rencontrer. Depuis 2014, nous échangeons avec elles et ce dialogue est positif et constructif. L'enjeu est désormais l'Europe et les volumes d'activité importants qui pourraient naître. Un projet de réglementation européenne devrait déboucher en 2019 sur un marché unique des capitaux. Si nous ne sommes que des petits Poucet de ce marché, nous sommes cependant concernés, car le statut des plateformes va évoluer. Leur dynamisme va-t-il leur permettre d'opérer dans tous les pays de l'Union européenne ? Si oui, à quel prix ? À quelles conditions ? Va-t-on créer des rapprochements et des fusions entre plateformes européennes ? Il va falloir identifier les risques inhérents au développement de ces nouveaux modes de transaction. Mais je suis très optimiste sur le dynamisme des plateformes françaises !

1 Autorité des marchés financiers, qui contrôle les outils d'investissement à risque.
2 Autorité de contrôle prudentiel et de résolution, qui contrôle les banques et les autres prêteurs.

Si la réglementation française sur le crowdfunding impose aux opérateurs une grande transparence vis-à-vis des contributeurs, on entend parfois des discours marketing assez étonnants, bien loin des fondamentaux de la finance, qui vont parfois presque jusqu'à nier le risque existant. En la matière, ces derniers ont toujours le dernier mot : l'emprunteur en défaut ne peut matériellement pas rembourser, l'entreprise en faillite ne vaut plus rien, etc.

L'échelle de risque en matière de contribution en crowdfunding

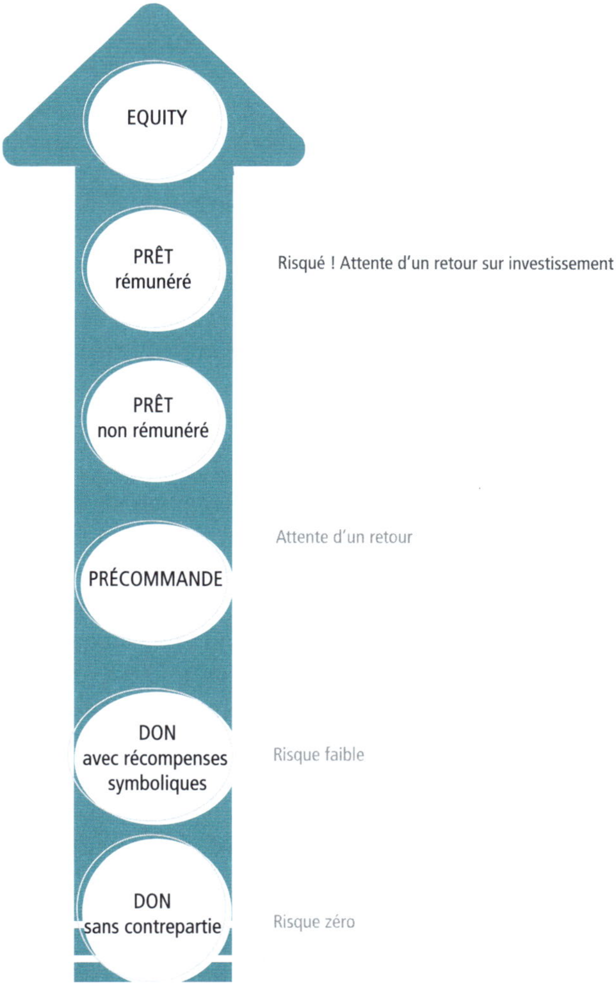

Par ailleurs, dans un univers de numérisation galopante de l'activité et de multiplication des outils de transparence numérique, la finance et l'épargne n'échappent pas à une forte tendance de traçabilité. Ce besoin de donner du sens à l'investissement autant que la revendication d'une transparence quant aux dossiers et aux projets dans lesquels l'épargnant est investi expliquent aussi le succès du crowdfunding. Ici plus qu'ailleurs, la promesse d'affection et de transparence est grande.

Le comportement de l'épargnant semble s'orienter vers celui d'une maîtrise totale de ses actes d'épargne. Le marketing des banques en ligne est d'ailleurs très symptomatique de cette tendance : « mon banquier, c'est moi », « comme il est facile de devenir banquier », etc. Autant de slogans qui montrent à quel point la sociologie du client épargnant est aujourd'hui travaillée dans le sens de la désintermédiation, du libre arbitre et de l'autonomie, des vertus que cultive parfaitement le crowdfunding.

Le besoin de transparence, la grande peur des associations de consommateurs

Lors de l'adoption du texte sur la finance participative en France en août 2014, les associations de consommateurs se sont montrées très agressives contre l'émergence du crowdfunding, sans doute plus encore que les banques. Elles se sont ainsi évertuées à comparer le crowdfunding aux outils de pari en ligne qui, selon elles, feraient prendre des risques inconsidérés aux contributeurs et mettraient en danger leur épargne.

Si cette réaction de la première heure peut se comprendre au regard de la communication de quelques sites de crowdfunding, dont certains se sont laissé et se laissent parfois tenter par des discours un peu angéliques sur le niveau de risque encouru par le contributeur, elle paraît sous certains aspects très exagérée. Comparer le crowdfunding aux sites de pari en ligne n'a aucun sens en ce qu'il ne s'agit en rien de jeu de hasard, mais bien souvent, par exemple pour les sites de prêt commercial et d'investissement, d'une mécanique d'investissement très proche des outils de la finance traditionnelle. La transparence des sites sur l'exposition au risque n'en est pas moins essentielle et la contribution des associations de consommateurs a permis de renforcer cette dimension dans le texte.

Dans tous les cas, le crowdfunding ne doit pas faire peur si on lui impose un minimum de transparence pour éclairer suffisamment le contributeur. Dès lors, ce dernier reste libre de faire ce qu'il veut de son argent. L'application d'une sorte de principe de précaution démesuré, comme certaines de ces associations ont pu le réclamer, briderait les sites de crowdfunding au point de les détourner de leur vocation première : l'indispensable financement de l'innovation, de la dynamique de l'économie et de la création d'emploi en France.

Le crowdfunding et son impact social

Un dispositif pour rapprocher les Français du monde de l'entreprise

Le crowdfunding de financement d'entreprise revêt une autre grande vertu : permettre au grand public de financer un porteur de projet appartenant à sa communauté et à son écosystème personnel. De fait, le contributeur va non seulement financer un projet d'entreprise, mais également être directement impliqué dans la réussite du projet. Il en devient ambassadeur. Il va diffuser son adhésion au projet auprès de son réseau et essayer de multiplier le nombre d'adhérents-donateurs-investisseurs-soutiens. Il se mue en acteur de l'activité économique, de la croissance des entreprises et de la création d'emploi. Ce soutien peut prendre différentes formes : diffusion à son réseau, conseils techniques et soutien financier. En validant avec quelques euros son soutien, le souscripteur confirme son adhésion réelle au projet d'entreprise dont il s'approprie le concept. Il devient partie prenante.

Mieux, le crowdfunding décomplexe l'acte du financement d'entreprise et donc d'une certaine façon de la création d'entreprise. Il porte en lui un fort levier de création d'entreprise, notamment pour les jeunes entrepreneurs, pour qui l'étanchéité de nombre d'outils du financement traditionnel rendait la chose autrefois impossible. Aujourd'hui, le jeune créateur d'entreprise ne se pose plus de question et le lancement de son activité, quel que soit l'outil utilisé, rime avec campagne de crowdfunding. Cette démocratisation du financement de la création d'entreprise donne sa chance à tout un chacun et contribue sans doute à l'engouement des jeunes pour l'entrepreneuriat et à la création d'emploi. Elle répond aussi à l'aspiration des « petites poucettes »[1], comme les qualifie le philosophe Michel Serres, celles des générations X et Y, loin des sillons tout tracés des carrières institutionnelles, qui rêvent de prendre en main leurs projets de vie, y compris du bout des doigts grâce aux outils numériques.

1 Dans son livre éponyme (Éditions du Pommier, 2012).

Vers une finance démocratique ?

Passons en mode « Action », comme l'explique l'ancien dirigeant d'entreprise Hervé Serieyx dans un livre coécrit avec André-Yves Portnoff, *Aux actes citoyens !* (Maxima, Laurent du Mesnil Éditeur, 2011). Il y propose en outre de participer « *au développement territorial pour que, dans notre petite fraction du monde, se multiplient activités, culture et plaisir de vivre ensemble* ».

Le crowdfunding est un merveilleux outil pour défendre ces valeurs. Dans un monde en pleine mutation, les investisseurs sont de plus en plus à la recherche de sens, qu'il soit financier ou humain. Attention, ce n'est pas par philanthropie, mais parce qu'ils savent que c'est un signe de durabilité. Il est bon qu'un investissement soit utile dans son territoire de vie et apporte également un sentiment d'appartenance. Par cette révolution numérique, nous devenons acteurs de notre économie. Chacun peut, encore plus qu'avant, apporter sa pierre à l'édifice.

Le contributeur devient non seulement souscripteur d'un projet d'entreprise, mais également prescripteur impliqué dans la réussite de ce dernier. Il se mue en ambassadeur engagé du projet. Il diffuse son adhésion au projet auprès de son réseau et essaie de multiplier les autres contributeurs.

Face à la perte de confiance dans nos élites, qui protègent surtout les modèles existants avec leurs privilèges, la révolution numérique avec Internet donne un accès plus facile au savoir...

La foule devient intelligente, responsable et engagée. Elle se rend de plus en plus compte de son réel pouvoir.

Le crowdfunding au service de la stratégie RSE de l'entreprise

Quelques définitions

Qu'on l'appelle « crowdimpacting » ou crowdfunding solidaire, le crowdfunding est aussi devenu un formidable outil de déploiement de la politique de responsabilité sociale et sociétale d'entreprise (RSE).

Les entreprises, souvent de grande taille mais aussi les plus petites,e-cherchent de plus en plus à marquer de leur empreinte la société, le traitement de l'exclusion, le soutien à leur écosystème, etc. Cette tendance forte vient du concept du « *giving pledge* » américain : les riches particuliers autant que les entreprises rendent à la société ce que celle-ci leur a offert.

Cette contribution des entreprises au bien commun est d'ailleurs indispensable au regard de la raréfaction des ressources publiques au profit de nombreuses causes de solidarité et d'intérêt général.

Les entreprises disposent pour ce faire d'un certain nombre d'outils juridiques ou fiscaux afin de construire et de déployer une politique et une stratégie de RSE. On pense par exemple à leur capacité à créer des fondations d'entreprise, à défiscaliser les dons qu'elles font à des organismes d'intérêt général ou aux heures que certains de leurs salariés consacrent au soutien de tels organismes. L'éventail est assez large et les actions multiples et variées.

Néanmoins, lorsque l'on interroge les responsables RSE des entreprises, que le sujet soit pris en charge par une personne désignée, issue de la DRH ou de la direction elle-même, une question revient assez systématiquement : comment faire de la politique RSE de l'entreprise un outil d'appropriation collective par l'ensemble de ses composantes ? Comment imprégner la culture d'entreprise, considérée dans sa globalité, de l'impact et de l'esprit initié dans le cadre de la stratégie RSE de l'entreprise ?

Les entreprises se trouvent confrontées à divers obstacles auxquels le crowdfunding apporte une solution convaincante : comment mobiliser tout le monde ? La fondation d'entreprise va recevoir les sommes décidées par la direction sans pour autant avoir entraîné la mobilisation de tous les salariés ; compte tenu des contraintes opérationnelles qu'il implique, le mécénat pour des associations ne concerne que quelques salariés ; le don de soutien à une ONG se limite au budget de l'entreprise, sans mobiliser suffisamment ses acteurs en tant que tels. Seules les très grandes causes permettent occasionnellement à l'entreprise de mobiliser ses salariés : les grandes catastrophes humanitaires (tremblements de terre, ouragans, etc.) dont l'écho médiatique entraîne une mobilisation générale.

Un outil de mobilisation solidaire

Les outils de crowdfunding disposent de deux vertus formidables : tout d'abord, leur capacité à mobiliser une foule ou une communauté déterminée. L'ensemble des salariés d'une entreprise constitue par nature une communauté aux intérêts totalement convergents (réussite et préservation de l'image de l'entreprise qui les emploie). Par ailleurs et comme nous l'avons vu, une partie significative de ces outils concerne le crowdimpacting ou le crowdfunding de solidarité, pour des projets de financement de causes sociales et à très fort impact social. Qu'il s'agisse de sites de crowdfunding de don pur et simple ou d'outils de crowdimpacting (en prêt et en fonds propres pour des projets sociaux), une multitude d'approches à impact social est envisageable. Quand on observe le détail des collectes dans les grands pays du monde, on constate que selon les cas, 10 à 30 % des collectes en crowdfunding concernent l'impact social et la solidarité.

Entre ces deux vertus, le crowdimpacting et la mobilisation possible de la communauté des salariés, il n'y a qu'un pas que nombre d'entreprises n'ont pas hésité à franchir, trouvant dans le crowdfunding l'outil numérique de mobilisation solidaire de leur communauté de salariés, voire de leurs clients, qu'elle recherchait auparavant en vain.

Tous les métiers du crowdfunding sont concernés : le don dans le cadre d'opérations de collecte interne à l'entreprise au profit de projets humanitaires d'une ou de plusieurs ONG ; la volonté d'une entreprise de soutenir par le prêt solidaire des micro-entrepreneurs, bénéficiaires de microcrédit dans le monde ; l'envie de soutenir un écosystème professionnel par des mécaniques de crowdfunding d'*equity* au bénéfice de petits entrepreneurs de la filière métier de l'entreprise, etc. Autant d'approches dites solidaires, qui correspondent parfaitement aux stratégies RSE des entreprises.

Les exemples de ce type sont légion. Citons le partenariat réalisé entre Axa et MyMajorCompany pour permettre au premier de financer de jeunes créateurs d'entreprise. De son côté, MicroWorld a déployé d'importantes plateformes de prêt solidaires customisées avec ENGIE ou Accenture. Citons aussi les dizaines de collectes numériques pour entreprise lancées sous forme de défis solidaires par Babyloan avec Sanofi, Alsthom, CGG, Crédit Agricole, MAIF, etc., ou encore les collectes de dons réalisées sur le site HelloAsso par Axens au profit de l'association l'Étoile de Martin. Dans tous les cas, les taux de participation des salariés oscillent entre 1 et 25 % des effectifs. Aucun outil n'avait jusqu'ici permis aussi simplement une mobilisation thématique et solidaire des salariés de l'entreprise.

De nombreuses formes de mobilisation sont possibles, mais une constante ressort : plus l'entreprise s'implique dans la campagne de crowdfunding solidaire ou de crowdimpacting, plus l'opération mobilise une frange importante de ses salariés. L'on pense en particulier à tous les cas où l'entreprise qui lance une telle opération de mobilisation solidaire s'engage à cofinancer les projets mis en ligne, sous forme d'un abondement. Cet attribut sert de levier de motivation des salariés : « l'entreprise s'engage à vos côtés : plus vous financerez, plus l'entreprise complétera vos financements », dans une démarche de solidarité et d'impact social. Toutes les parties prenantes s'engagent, forgeant une culture d'entreprise solidaire et sociétale à tous les niveaux et dans toutes les composantes de l'entreprise.

Ces approches permises par l'outil numérique permettent aussi à des PME de s'engager dans une démarche de type RSE, alors qu'elles n'ont pas forcément les moyens de créer une fondation ou de rassembler des forces vives pour gérer un partenariat de mécénat. Là encore, le crowdfunding solidaire ouvre les voies d'une stratégie de RSE et de solidarité aisée et peu onéreuse à mettre en place. Il est particulièrement intéressant de constater, culture d'entreprise oblige, que plus l'entreprise qui s'engage dans ce type de démarche est petite, plus le taux d'adhésion des salariés est important. Dans ce cas, la proximité avec le dirigeant, bien souvent initiateur de l'action de crowdfunding de solidarité, rend l'action encore plus mobilisatrice et fédère davantage les composantes de l'entreprise.

EN PRATIQUE

Quand Total recourt au crowdfunding pour financer du microcrédit d'accès à l'énergie

Dès lors qu'elle est disponible, l'énergie crée une dynamique de progrès. Permettre à chacun d'y avoir accès et d'en faire le meilleur usage sont les deux grands défis d'un avenir énergétique responsable. De nos jours, deux milliards de personnes dans le monde n'ont pas accès à l'énergie (dont 1,3 milliard à l'électricité). C'est à partir de ce constat que Total a développé Total Access to Energy : un incubateur d'innovations permettant d'identifier et de tester des solutions faisant progresser l'accès à l'énergie des populations les plus démunies. L'offre Awango by Total, la première réalisation à grande échelle issue de ce programme, permet de répondre aux besoins essentiels des populations les plus démunies *via* la commercialisation de solutions solaires photovoltaïques pour l'éclairage et le chargement de téléphones portables. Développer l'entrepreneuriat dans les pays où le programme est déployé est aussi un enjeu majeur chez Total. C'est pourquoi l'entreprise a lancé à l'automne 2015 une plateforme de crowdfunding dédiée à l'accès à l'énergie. Cette première mondiale vise à offrir, *via* des institutions de microfinance, des solutions de financement aux petits entrepreneurs du monde.

La mobilisation des clients de l'entreprise

Les salariés ne sont pas les seuls concernés. La sphère des clients peut, elle aussi, être mobilisée dans une action sociétale par le recours au crowdfunding. Dans ce cas, ce dernier sert d'outil de mobilisation des clients autour d'une cause ou du financement de projets à fort impact social. L'entreprise peut s'engager vis-à-vis de ses clients à abonder leurs contributions par exemple. Certaines entreprises font aussi le choix de s'engager dans le financement de projets à impact social avec un site de crowdfunding tout en associant leurs clients au choix (par des mécaniques de vote) des projets en question.

Les déclinaisons du crowdfunding dans le cadre de la politique RSE de l'entreprise sont donc multiples et se caractérisent dans tous les cas par l'apport que représente le numérique en tant que facilitateur de diffusion et de mobilisation autour d'une cause sociétale et solidaire.

Le crowdfunding et la banque sont-ils ennemis ?

Une complémentarité réelle

C'est un peu un sujet « tarte à la crème », tant ces deux mondes semblent s'opposer de prime abord. Pire, certains sites de crowdfunding mènent des attaques répétées contre le système bancaire afin de séduire tant des porteurs de projet que des épargnants et des contributeurs. Comme nous le verrons plus loin, l'opposition ne tient guère la distance. Les faits démontrent au contraire bien des complémentarités, davantage que des oppositions. Il faut dire aussi que certains sites n'ont pas apprécié la façon dont une partie du secteur bancaire a tenté, pendant la période de rédaction de la réglementation sur le crowdfunding en France, d'empêcher son émergence telle qu'elle était demandée par les acteurs du secteur.

Le monde bancaire s'intéresse de très près au sujet et aucune banque en France ne s'est posé la question de son degré d'implication dans ce nouveau métier du financement. Certains établissements bancaires n'ont pas attendu pour annoncer des partenariats industriels et financiers avec des sites : BNP Paribas avec Ulule, La Banque Postale avec KissKissBankBank, certaines caisses du Crédit Agricole et la fondation Grameen Crédit Agriole avec Babyloan, le Crédit Coopératif avec Babyloan, SPEAR et Arizuka, Groupama avec Unilend, etc. Les réflexions tournent généralement autour de la question de savoir si ces établissements doivent accompagner activement un acteur du secteur ou lancer leurs propres sites.

Au-delà des partenariats, on constate au quotidien tout l'intérêt du crowdfunding dans une logique et une approche de cofinancement bancaire à la suite d'une campagne réussie. C'est le grand intérêt de cette complémentarité : les levées en crowdfunding, notamment de don ou d'*equity*, jouent en faveur de l'entreprise en tant que composantes des fonds propres complémentaires qui rassurent la banque et lui permettent le cas échéant de financer plus largement l'entreprise.

3 QUESTIONS À...

Jean Philippe, directeur général du Crédit Agricole Pyrénées Gascogne

Vous avez été l'un des premiers à investir dans le crowdfunding. Pourquoi ?

Mon métier de banquier, qui plus est coopératif, ne se réduit pas à faire des crédits, des dossiers et des marges. Il consiste surtout à trouver des solutions adaptées aux besoins de financement des clients et des acteurs du territoire. Si le Crédit agricole Pyrénées Gascogne a investi dans le crowdfunding, plus en travail qu'en capital d'ailleurs, c'est parce que nous avons estimé très tôt que les usages numériques allaient bouleverser notre profession. Le besoin d'une relation directe, transparente, collaborative, nous sautait aux yeux, et le crowdfunding en était une expression prometteuse. Il permet aux uns de présenter leurs projets et de partager le sens de leur engagement, aux autres de choisir la destination de leur épargne et de soutenir des actions qui leur parlent, à tous d'échanger et de se connaître. C'est potentiellement puissant !

Avec la récente loi sur le crowdfunding, de très nombreux sites de financement des entreprises se lancent. Ces nouveaux outils vont-ils révolutionner le secteur ?

Ils vont le changer profondément. La montée en puissance de ces sites participatifs pourra avoir deux conséquences. D'une part, elle va influencer les banques dans leur façon de penser leurs offres de service, de conseiller, de décider et de communiquer avec leurs clients. D'autre part, ces sites apportent et apporteront de plus en plus de nouvelles sources de financement pour les entreprises. Ils sont parfois même la seule source quand l'entreprise est jeune ou exerce un métier très spécifique, peu connu des banquiers. Le plus souvent, le crowdfunding agit en complément du financement bancaire, car je crois que le financement des entreprises passera toujours, pour l'essentiel, par l'accompagnement du banquier dont le regard restera nécessaire à tout entrepreneur. Pourtant, dès lors que des entreprises sollicitent ces sites de financement et que des épargnants y investissent, il est difficile de ne pas les voir comme des concurrents. Je constate qu'après une période de méfiance ou d'indifférence réciproque, des partenariats en capital ou en affaires naissent. Il serait ambigu pour une banque de faire du crowdlending ! Un prêt bancaire repose en effet sur des règles et des contraintes spécifiques apportant une sécurité à l'emprunteur et à l'épargnant. Les banques doivent expliquer davantage cette particularité et ne pas mélanger les genres pour ne pas créer de confusion. Le rapprochement me paraît plus logique pour le crowdfunding de don, social ou humanitaire, ou de participation en capital.

Que conseilleriez-vous à un entrepreneur qui souhaite lever de la dette ou des fonds propres auprès d'un site de crowdfunding ?

Nous proposons souvent à nos clients entrepreneurs en recherche de capitaux propres de compléter notre intervention par du crowdfunding. C'est une excellente façon de travailler la présentation de leur projet et de consolider leurs arguments. C'est aussi un moyen de se faire connaître, de rencontrer des partenaires, d'intéresser des clients potentiels. Nous les invitons à le faire avec sincérité. Le crowdfunding a de l'utilité et du sens si la règle du jeu initiale est respectée : une démarche collaborative, solidaire, interactive, de partage. Si les plateformes ne servent qu'à transférer de l'argent des uns aux autres en servant un objectif seulement financier et en « évitant » l'intervention humaine et aidante d'un professionnel, je n'y vois aucun progrès, au contraire. Ce serait même un retour aux pratiques individualistes et usuraires combattues en leur temps par les hommes de bonne volonté qui ont inventé... la banque coopérative !

Le système bancaire limité par des normes

Le système bancaire de financement de nos entreprises est limité par les normes Bâle III qui l'empêchent d'être davantage partie prenante dans notre économie.

On accuse souvent le système bancaire de tous les maux, dont celui de ne pas financer suffisamment l'économie. Au-delà du fait que les chiffres ne confirment pas cette revendication permanente des entreprises, rappelons que le financement bancaire et la finance participative ne jouent pas dans la même cour.

Tout d'abord, voyons la volumétrie. Depuis 2005, le financement d'entreprise par le crowdfunding représente en France une collecte cumulée de 50 à 70 millions d'euros, alors que le financement bancaire pour l'entreprise représente, lui, 150 milliards d'euros. Fermez le ban, il n'y a rien à voir.

La comparaison des modèles s'avère fondamentalement plus intéressante. Celui du crowdfunding dispose d'un immense avantage par rapport

Les chiffres comparés en France

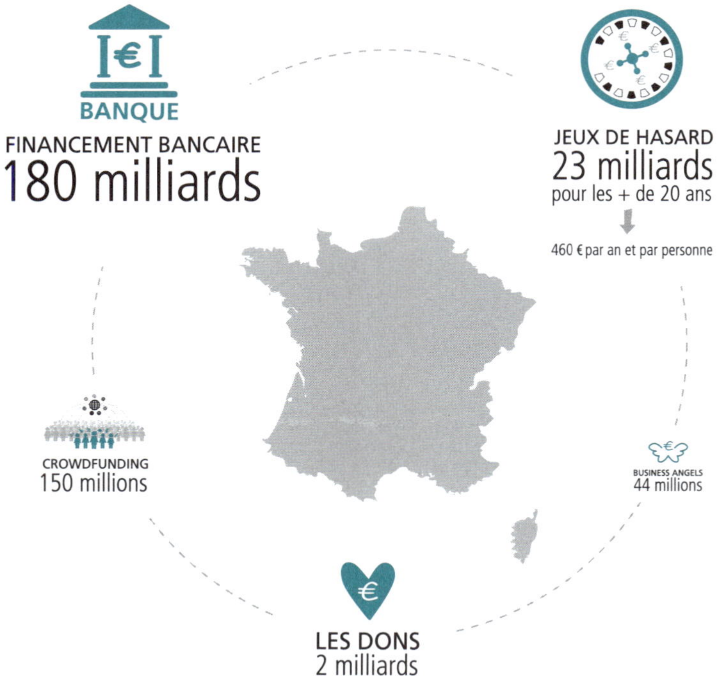

au financement bancaire : il est globalement désintermédié, ne finance pas lui-même et se contente de mettre en contact les individus qui vont financer des projets grâce aux multiples services de transaction proposés par les sites. C'est une différence gigantesque, de paradigme même avec la banque qui, elle, prête sur ses fonds propres et engage donc, à chacun de ses financements, sa crédibilité autant que sa solidité. Dans le monde bancaire, c'est en permanence la sécurité des dépôts et de l'épargne de ses clients qui est en jeu. La banque évolue dans un monde où sa défaillance peut entraîner un risque systémique fort : la crise financière de 2008 en constitue l'une des plus belles illustrations. Ce n'est pas le cas du crowdfunding. Cette différence de modèle fondamental explique les très lourdes contraintes qui pèsent sur la banque, les fameux accords de Bâle, qui, parfois, expliquent son énervement vis-à-vis du crowdfunding, autorisé à se mouvoir dans un univers de souplesse et de faibles contraintes.

Publiées en décembre 2010, en application depuis janvier 2014, ces normes dites de Bâle III ont été mises en place pour mieux contrôler la santé financière des banques après la crise des *subprimes*. En France comme en Europe, cette réforme a renforcé le recours au marché, augmenté le coût du crédit et limité la prise de risque et les durées d'engagement. En introduction du rapport, il est écrit : « Durant la "phase de liquidité" de la crise financière qui s'est déclarée en 2007, de nombreuses banques – quoique dotées d'un niveau de fonds propres adéquat – se sont heurtées à des difficultés parce qu'elles n'ont pas géré leur liquidité de façon prudente. »

Ces normes ont pour objectif de sécuriser le système financier non seulement en renforçant leurs fonds propres, mais également en appliquant une bonne gestion des risques de liquidité. Les banques ont des obligations plus strictes en matière de solvabilité et de liquidité. Cette mise aux normes progressive jusqu'en 2019 pèse sur la rentabilité des activités bancaires et augmente le coût des capitaux. Cela joue parfois sur la délivrance des financements aux entreprises.

Les deux acteurs ne jouent donc pas dans la même cour ; et il est au fond profondément injuste de comparer banque et finance participative, comme se plaisent souvent à le faire certains sites. Les contraintes des uns et des autres sont tellement différentes que les modèles ne peuvent être comparés. Nous préférons parler de complémentarité, ces deux mondes étant faits pour s'entendre et se compléter plus que pour se combattre. C'est une évidence que la communication de certains sites ne pourra occulter bien longtemps.

Chapitre 2

COMPRENDRE LES CLÉS DU CROWDFUNDING, SITES D'ÉPARGNE OU D'AUTOCOLLECTE

À savoir

— Comprendre le crowdfunding, c'est percevoir les différences entre les deux grandes familles d'outils existantes : les sites « d'autocollecte » et les sites « d'épargne ».
— Dans le premier cas, l'essentiel du travail de collecte repose sur les épaules du porteur de projet ; dans l'autre cas, les investisseurs sont essentiellement recrutés par le site lui-même.
— Ne pas comprendre la différence entre ces deux modèles, c'est, pour le porteur de projet, prendre le risque d'essuyer l'échec de sa collecte de fonds.

L'organisation et l'animation d'une campagne de crowdfunding sont très différentes suivant l'outil que l'on utilise et les besoins que l'on cherche à financer. Il s'agit là d'un point essentiel et les nombreuses chausse-trappes peuvent mener à l'échec d'une campagne. Ne pas mettre en face du besoin les bons outils de crowdfunding ou ne pas savoir utiliser l'outil choisi en fonction de son besoin sont les deux principaux pièges dans lesquels il ne faut pas tomber. Un financement en crowdfunding résulte d'une campagne de collecte. Celle-ci implique la mobilisation d'investisseurs et de contributeurs et n'a rien à voir avec un financement de type bancaire. Au fond, ce dernier a des avantages qu'il ne faut pas oublier, si l'on compare avec une campagne de crowdfunding... Dans le premier cas, cela vous coûte un rendez-vous avec votre banquier, alors que dans l'autre, vous avez rendez-vous avec une foule de petits financeurs qu'il vous faudra le cas échéant trouver par vous-même. Le chemin de cette rencontre citoyenne peut être beaucoup plus sablonneux qu'il n'y paraît.

Pour comprendre les enjeux et les ressorts de l'organisation de cette campagne de collecte, il faut tout d'abord avoir à l'esprit que plus de 50 % des outils de crowdfunding sont dits « d'autocollecte », quand l'autre moitié rassemble des outils dits d'investissement et d'épargne. Il s'agit là d'une distinction tout à fait essentielle pour comprendre le fonctionnement et le déroulement d'une campagne de levée de fonds. En résumé, la première question à se poser pour un entrepreneur est de savoir s'il souhaite et peut faire une campagne d'autocollecte ou d'épargne. C'est ce que nous allons examiner dans ce chapitre.

Le cas JustGiving

Le site britannique JustGiving ne vise pas à financer les entreprises, mais des ONG. Il est l'un des tout premiers à avoir su optimiser la mécanique d'autocollecte. Son idée ? Proposer aux ONG anglaises un outil de collecte révolutionnaire fondé sur la mobilisation des réseaux des militants des ONG bien plus que sur la prospection directe du grand public. Le marché des ONG et de la philanthropie grand public au Royaume-Uni est dramatiquement concurrentiel ; de plus, la sollicitation directe de ces entités auprès des particuliers est devenue particulièrement agressive, montrant de nets signes de saturation. Nous connaissons les recettes habituelles du marketing et de la communication en pareil cas : harceler plus encore les cibles commerciales en redoublant d'efforts et en augmentant le budget affecté à ce recrutement. L'effet de cette stratégie est autodestructeur, puisque plus la sollicitation du grand public se renforce, moins celui-ci est enclin, par lassitude et agacement, à la concrétiser.

Pour résoudre ce problème, JustGiving a été l'un des premiers sites à imaginer le renversement de la technique de collecte en faisant porter celle-ci non plus sur l'ONG, mais sur ses militants. L'idée très simple a consisté à lancer un outil numérique à destination du grand public en permettant aux internautes, à l'occasion d'un événement qui leur est propre (mariage, anniversaire, épreuve sportive, etc.) de mettre au défi leurs proches et leurs amis de réaliser un don au profit d'une ONG de leur choix : « C'est mon anniversaire, plutôt que de m'offrir un cadeau donne donc de l'argent à telle ou telle ONG ! » ; « Pour me motiver à mon prochain marathon, donne donc de l'argent à telle cause ». Cette nouvelle méthode de collecte est rapidement devenue un outil très sensiblement plus efficace que les campagnes marketing traditionnelles des ONG. Ne restait plus, pour ces dernières, que de suggérer à leurs militants et donateurs historiques d'utiliser à souhait ce bel outil « d'autocollecte ». D'une approche de prospection de militants donateurs, le financement des ONG a soudain basculé dans le domaine de la mobilisation de mini-VRP au service de l'ONG. On voit bien ici le levier représenté par cette nouvelle méthode de collecte.

Les résultats ont dépassé l'imagination : en dix ans, JustGiving a permis la collecte de près d'un milliard de livres sterling au profit de douze mille ONG locales, un succès sans égal dans le monde, maintes fois copié. Les signatures du site JustGiving « Raise money for a cause you care about » ou du site américain Charity:Water « Launch your campaign » sont très symptomatiques de cette nouvelle approche. C'est l'apothéose de l'autocollecte. En France, le site HelloAsso, qui a permis à plus de sept mille associations de lancer des campagnes de collecte, propose aussi ce type de mécanique et d'approche.

Différence d'approche entre les sites d'autocollecte et d'épargne

Une opposition de base

Une grande partie des sites de crowdfunding s'est inspirée de ces techniques d'autocollecte. La foule ne vient pas spontanément y financer des projets, mais c'est le porteur de projet qui mobilise sa propre communauté de proches. Nous avons précédemment présenté les techniques de mobilisation des réseaux sur le crowdfunding de don récompense notamment. Les outils du crowdfunding qui reposent sur ces méthodes d'autocollecte sont de trois ordres :

> les sites de don philanthropique ;

> les sites de don récompense ;

> les sites de prêt solidaire.

Dans les trois cas de figure, la part de la levée issue de l'approche en autocollecte est variable, mais reste majoritaire.

Le monde du crowdfunding est protéiforme et existe à l'autre bout de la chaîne des outils de collecte qui reposent, eux, sur une approche diamétralement opposée : celle de l'épargne. Dans ce cas, les sites de crowdfunding n'offrent pas un outil d'autocollecte au porteur de projet, mais plutôt à des investisseurs ou des épargnants lambda, une plateforme d'investissement dans des projets qualifiés et référencés par le site. L'enjeu de ces sites dits d'épargne est tout autre. Il leur faut référencer sur le site de très beaux projets, susceptibles d'être pérennes et rentables sur la durée afin d'apporter aux investisseurs qu'ils prospectent un retour sur investissement (intérêts ou actions) et une rentabilité de leur épargne.

Dans ce cas de figure, l'enjeu pour le porteur de projet est de parvenir à justifier de la qualité de son dossier plus que de la profondeur de son réseau. Dès lors qu'il est agréé par le site, il a *de facto* accès à la communauté des épargnants fédérés par le site. L'enjeu du site quant à lui est de convaincre le plus d'épargnants possible afin de séduire les porteurs de projet à candidater chez lui. Ces sites d'épargne sont confrontés à une équation à deux facteurs : convaincre les épargnants de la qualité et de la pérennité des dossiers qui leur sont proposés et sélectionner les meilleurs d'entre eux. Ces deux contraintes ne sont pas sans conséquences sur le nombre et le type de dossiers acceptés par ces plateformes.

Dans le métier des sites dits d'épargne, on retrouve les deux grands métiers de financement de l'entreprise que sont les sites de prêt commercial et ceux

Les différentes formes de collecte

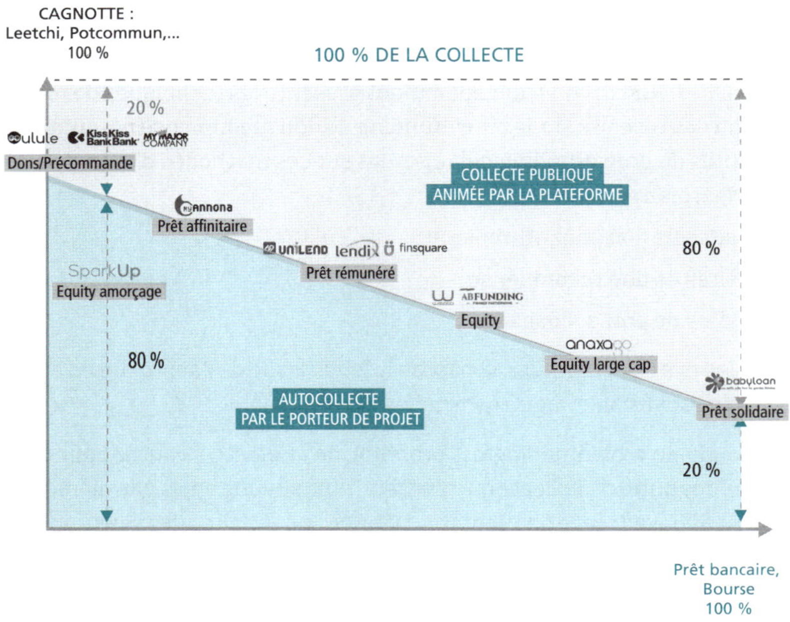

d'investissement en fonds propres. On peut voir sur le schéma ci-contre la propension des différents outils de crowdfunding à se situer plutôt dans le monde de l'autocollecte ou dans celui de l'épargne, avec pour chacun de ces métiers la part annoncée d'autocollecte par rapport à la part d'épargnants.

Attention à la qualification !

La qualification des sites utilisés par l'entrepreneur est essentielle en ce qu'elle va dans un cas impliquer la mobilisation de ses réseaux, mais beaucoup moins dans un autre. Ne pas comprendre cette différence, c'est s'exposer à un risque d'échec. Des entrepreneurs ont tenté leur chance sur des plateformes telles que Kickstarter, le leader mondial dans le domaine du don récompense. Ils pensaient bénéficier d'une communauté active de neuf millions d'âmes, mais ne sont malheureusement pas arrivés à récolter des fonds. La taille de la communauté affichée par les gros sites n'est pas une condition suffisante au succès. Pire, ces sites en recherche de projets mettent bien souvent en avant leurs quelques « *success stories* » afin de séduire les porteurs de projet, leur faisant croire incidemment que leur projet pourrait se financer tout seul. C'est là une erreur majeure. Ne pas en avoir conscience, c'est prendre le risque de subir de graves désillusions. Le succès des collectes au bénéfice de chanteurs comme Grégoire ou Irma sur MyMajorCompany ne doit pas faire oublier qu'il s'agit d'un site d'autocollecte où l'immense majorité des campagnes se fait par la mobilisation des réseaux propres de l'artiste, pas grâce à l'amour spontané du grand public. Sans même parler du travail de ces sites qui contribuent à créer certaines *success stories*, triées sur le volet et de fait un peu artificielles, en mettant en avant et en faisant du « *push* » actif desdits projets auprès de leur communauté et du grand public.

Il est amusant de constater que bien souvent, les sites qui mettent le plus en avant leur *success stories* sont en fait ceux qui enregistrent les taux de réussite des campagnes les plus faibles... En effet, là est la première clé du travail de sélection d'un site par le porteur de projet. Le premier indicateur à observer est bien celui du taux de réussite bien plus que de la taille de la communauté ou du nombre de *success stories*. Vincent Ricordeau, fondateur du site KissKissBankBank, aime à répéter cette « maxime » : « *Sur les sites de don récompense, ce ne sont pas les sites qui collectent pour les projets mais les projets qui collectent pour les sites.* » Tout est dit que l'on pourrait bien évidemment compléter par son inverse : sur les sites d'épargne, ce ne sont pas les projets qui collectent les fonds, mais les sites qui collectent des fonds pour les projets.

Une bonne moitié des sites de crowdfunding fonctionne avec des mécaniques d'autocollecte plus que d'épargne et le schéma suivant positionne les outils du crowdfunding en fonction de leur recours plus ou moins important à la technique d'autocollecte :

La différence entre l'épargne et l'autocollecte

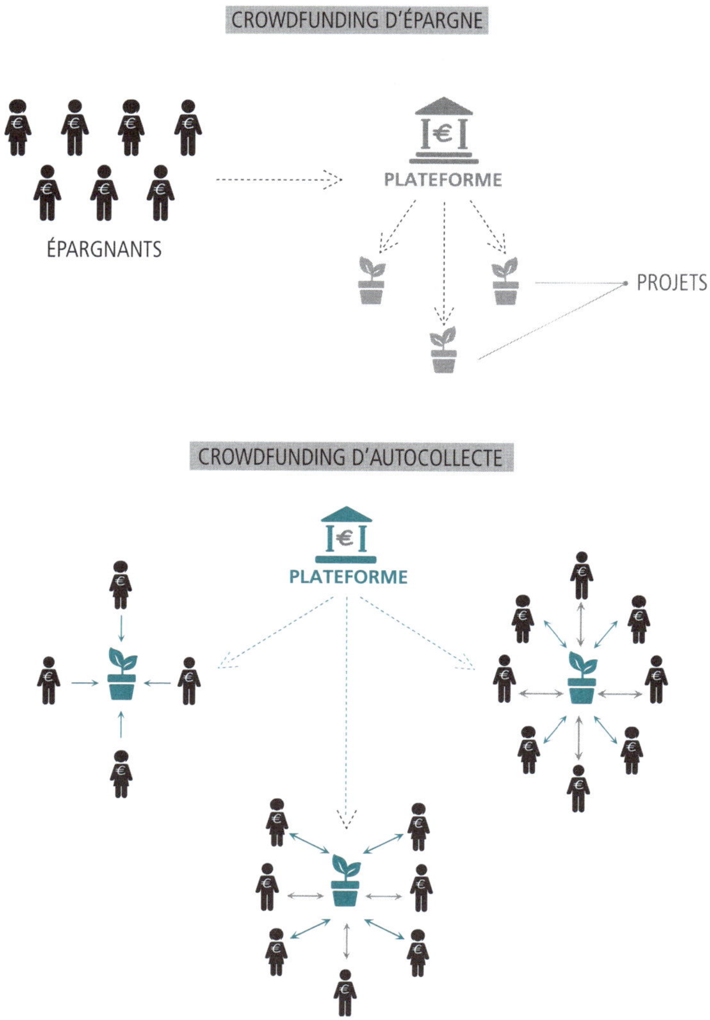

La divine communauté

Les effets de levier sur la collecte en crowdfunding

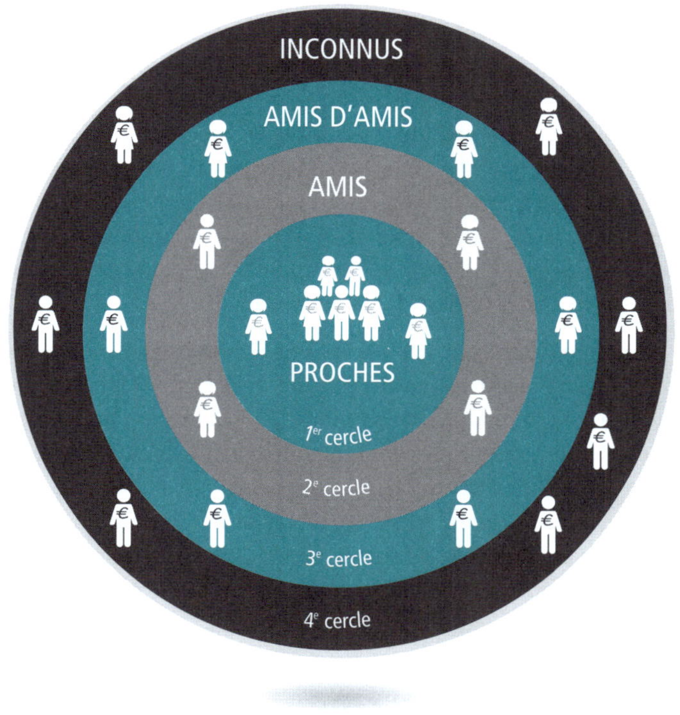

Qu'est-ce qu'une communauté ?

Le numérique apporte beaucoup au financement citoyen de projet dans sa capacité à créer et à développer une communauté. Le mot est lâché : la « communauté ». Celles qui jadis se cantonnaient aux copains de cours d'école, aux amis fidèles et aux réseaux professionnels physiques se déclinent depuis quelques années dans toutes les dimensions et les actes de la vie : la communauté Facebook, les abonnés Twitter, les *short lists* d'e-mails catégorisées, l'appartenance à des réseaux sociaux professionnels et personnels, la location de son logement sur Airbnb, les paniers de légumes échangés sur Le Potiron.fr, les interactions avec la communauté BlaBlaCar, etc. Tout semble devenu communautaire et collectif. Là est le grand apport de la révolution numérique en cours.

Au sens numérique du terme, la communauté définit sans aucun doute la réunion de personnes ayant un même centre d'intérêt et capables d'interagir entre elles. C'est la multiplication de ces communautés, bien souvent virtuelles, qui permet une diffusion exponentielle de nos besoins, de nos envies ou de nos expériences. Dès lors que la foule des internautes dispose d'un accès quasi illimité à l'information que nous souhaitions lui adresser, il n'y a pas de raison pour que la mobilisation de ces communautés ne permette pas celle de financements par ceux qui, sensibles à ma personne, ma cause ou mon projet, se sentent en affinité avec ma demande de financement. Le rapprochement des individus permis par le Web et les interactions qu'il engendre a fait naître ce que l'on appelle « l'empathie Internet » : la capacité de tout un chacun à s'imprégner par Internet de la vie, des besoins et des projets d'une personne.

Cette tendance à l'empathie Internet pose l'une des grandes règles du financement participatif : plus on sait générer et alimenter cette empathie numérique autour de soi, plus on parvient à mobiliser des financements sur son projet. L'émergence de ces communautés virtuelles insuffle une forme de culture communautaire qui va bien au-delà des grandes communautés virtuelles et commerciales ; elle entre dans nos gènes pour nombre de nos actions et interactions avec les autres. On organise son marathon en mobilisant ses amis autour d'une cause solidaire ; on fait la révolution à Tunis après l'avoir annoncé par e-mail à tous ses amis ; on organise une petite fête en la postant comme événement sur Facebook, etc.

Cette prise de possession de la démarche communautaire dans les moindres actions de notre vie rend parfaitement naturelle la même démarche dès lors qu'il s'agit de financer son projet. À quoi bon aller voir la banque, avec toutes les angoisses et les risques qui en découlent, dès lors qu'il suffit de s'inscrire sur un site de prêt commercial et d'attendre que la communauté des contributeurs du site, complétée des sollicitations de sa propre communauté, alimente le curseur de sa collecte ? Le financement participatif, d'une certaine manière, dédramatise l'acte de financement en faisant tomber les barrières de l'accès à la finance institutionnelle au profit d'une finance de la convivialité, de l'amitié et de la proximité.

Le financement de l'entreprise peut-il passer par la mobilisation d'une communauté ? C'est bien évidemment l'objet de ce livre que de le démontrer. Il est intéressant à ce stade d'imaginer les communautés que l'on pourrait mobiliser pour cela. La communauté des proches et des amis n'est-elle pas celle à qui l'on parle le plus souvent de sa vie professionnelle ? L'écosystème de l'entreprise constitué de ses salariés, ses clients et ses fournisseurs, n'est-il pas lui aussi composé de communautés propres susceptibles d'éprouver de l'empathie pour le financement d'un projet ? Enfin, la communauté des épargnants, dont une partie est clairement intéressée au financement des entreprises en général, a toutes les raisons elle aussi d'être intéressée par ce type de projet. L'entreprise gravite donc au sein de multiples communautés que l'on peut mobiliser au-delà même des raisons pour lesquelles elles interagissent habituellement. Donc aussi pour lui assurer des financements.

Votre réseau est-il mobilisable ?

Sur les sites dits d'autocollecte, la priorité réside donc dans la capacité du porteur de projet à mobiliser un réseau ou une communauté. « Avez-vous un réseau de connaissances auprès de qui diffuser votre campagne ? » Telle est la première question que pose un site de don récompense. On a coutume de présenter les réseaux de chacun d'entre nous sous forme de cercles concentriques : au centre et autour du porteur de projet. Le premier cercle comporte les proches, les parents, la famille, les meilleurs amis ; le deuxième est le cercle des amis et des relations, ceux qui connaissent et par nature font confiance au porteur de projet ; au troisième rang figurent les amis des amis ; et en dernier ressort Monsieur et Madame Michu, c'est-à-dire le monde des inconnus du quatrième cercle.

Bien entendu, ces différents niveaux de relation ne se mobilisent pas avec la même facilité. Il est plus facile de convaincre ses proches que des inconnus de la pertinence d'une participation financière à son projet. Tel est l'enjeu d'une campagne sur un site d'autocollecte : saurai-je mobiliser une large communauté de proches ? Cette communauté peut revêtir diverses formes, mais dans tous les cas, les attributs de son activation efficace sont les mêmes : plus la communauté est en interaction avec et connaît bien le porteur de projet, plus la collecte est efficace. Un recruteur massif d'amis sur Facebook pourra peut-être se targuer de disposer d'une large communauté, qui reste cependant virtuelle ; il ne s'agit pas d'une communauté d'interactions et de fortes connaissances interpersonnelles. Il est fort probable qu'elle ne lui sera d'aucune utilité et ne réagira pas le jour de l'activation de la campagne. À l'inverse, un blogueur réputé parvenu à mobiliser de véritables militants affinitaires autour de ses communications pourra sans doute se targuer d'avoir une communauté de bien meilleure qualité.

EN PRATIQUE

Babyloan a été le premier site de crowdfunding en France à réaliser une augmentation de capital auprès d'Anaxago, une autre plateforme de crowdfunding, d'*equity* celle-là. Soucieux de renforcer ses fonds propres le site a décidé de sonder la communauté de ses membres prêteurs dans le cadre d'une enquête qualité, *via* une question relative au statut d'entreprise : « Babyloan est une start-up sociale, aimeriez-vous en devenir actionnaire ? Si oui, pour quel montant ? » Sur les trente mille membres du site à l'époque, mille quatre cents questionnaires ont été envoyés dont 30 % des répondants se disaient prêts à en devenir actionnaires. Babyloan a ouvert de fait son capital à ses membres *via* Anaxago et près de deux cents d'entre eux sont devenus ainsi actionnaires de l'entreprise. La réunion sur ce site de membres prêteurs, tous convaincus par la cause qu'il défend — le financement des exclus de ce monde par le prêt solidaire — est source de la création d'une véritable communauté.

La taille de la communauté n'est pas le critère unique de détermination de son existence. On définit parfois la communauté comme un groupe de personnes ayant des affinités avec son créateur. La simple réunion de personnes sans affinités ni interactions entre elles n'est donc pas forcément constitutive d'une communauté, de même que la juxtaposition de petits groupes de personnes sans lien entre elles n'est pas nécessairement constitutive d'une communauté. Nombre de réseaux professionnels sont soucieux de lancer des plateformes de crowdfunding au motif que réunis par un même centre d'intérêt, professionnel par exemple, ils n'ont pas de raison de ne pas contribuer aux projets des membres de ce réseau. Cependant, rien n'est moins sûr, dès lors que ce réseau n'a pas su créer les conditions d'interaction et de développement de relations humaines entre ses membres ou d'un militantisme engagé.

La distinction entre le réseau et la communauté est essentielle et la confusion des genres guette et peut mener à l'échec. C'est cette distinction qui explique le succès des collectes organisées par certaines ONG auprès de leur communauté de donateurs et de sympathisants. Ils sont réunis autour de l'ONG par militantisme et engagement autour de la cause qu'elle porte. D'une certaine manière, le succès des collectes organisées par le président américain Barack Obama ou l'ancien président de la République Nicolas Sarkozy lors de son « Sarkothon » sont elles aussi le révélateur de la mobilisation de communautés militantes et engagées, pas d'un réseau.

Il sera intéressant d'imaginer le succès éventuel ou pas de sites de crowdfunding lancés par des collectivités territoriales ou certains organismes professionnels. En effet, leurs éventuelles communautés ne sont pas militantes, mais plutôt à la recherche d'une protection, d'une identité et de défense d'intérêts corporatistes ; c'est très différent d'un engagement militant. Le Medef ne manifeste pas, la CGT, si. Certains échoueront d'avoir confondu réseau et carnet d'adresses avec communauté.

La question de la communauté mobilisable et de son attachement, voire de son militantisme à l'égard du porteur de projet, est un facteur essentiel au succès d'une campagne de collecte.

Le crowdfunding, ce sont trois grands métiers et quatre sous-métiers, qui ne sont pas tous utilisables par l'entreprise pour se financer. Certains sont particulièrement adaptés à ses besoins. Dans tous les cas, ces outils apportent de véritables innovations en termes de stratégie de financement et de visibilité de l'entreprise. Les trois grands métiers sont le don, le prêt et l'*equity* ; quant aux quatre sous-métiers, deux sont dans le domaine du don (don pur et don récompense) et deux concernent le prêt (prêt solidaire et prêt commercial). Découvrons en détail dans les trois prochains chapitres chacun de ces outils et leurs utilisations dans le financement d'entreprise.

Les trois grandes familles du crowdfunding

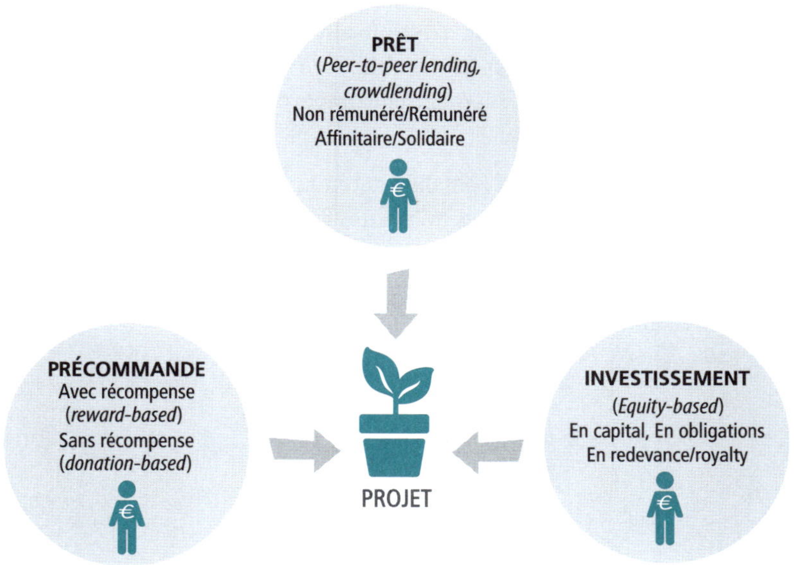

Rappelons ici rapidement l'échelle de risque en matière de contribution en crowdfunding, du moins risqué au plus risqué. L'évaluation du risque doit être prise en compte avec beaucoup de précaution, étant donné le peu de recul que l'on a pour le moment sur la masse des dossiers récemment financés :

– Le don sans contrepartie étant totalement assumé en tant que tel par le contributeur, ce dernier ne craint pas par essence de ne pas récupérer ses actifs.

– Le don récompense, même s'il est d'inspiration libérale, implique la livraison de la récompense dans le futur. Le risque de non-livraison n'a donc rien de théorique.

– Si le prêt solidaire est réalisé dans une logique d'aide et de solidarité, il n'en reste pas moins un prêt qui, tant juridiquement que moralement, doit être remboursé. Le risque de défaut n'est donc pas négligeable. Les faibles montants moyens investis dans ce type de prêt limitent néanmoins le risque.

– Avec le prêt commercial, on est en présence d'un véritable outil d'épargne dont les promesses de rémunération sont très importantes. Par conséquent, la démarche des épargnants ne s'apparente pas à de la solidarité, mais relève d'une logique d'optimisation de leur épargne. Le risque de non-remboursement est ici d'autant plus sensible que les montants unitaires placés sont sensiblement plus importants que dans le domaine du don ou du prêt solidaire.

– L'investissement en *equity* est bien entendu le placement le plus risqué, car il expose le contributeur à la faillite de l'entreprise et donc à la perte de la totalité de son investissement. Le contributeur est de plus exposé au risque de liquidité, s'agissant d'un investissement en *private equity* sans marché secondaire organisé.

Chapitre 3

LE MONDE DU DON

À savoir

— Pourquoi faire ? Financer des projets de développement de l'entreprise, lancer un produit, réaliser des tests marketing, communiquer, etc.
— Comment ? En levant des fonds auprès de la communauté proche de l'entreprise et du grand public par la mécanique de la prévente.
— Pour quels montants ? De 0 à l'infini ; 3 500 euros en moyenne, non plafonnés au montant recherché.
— Pour quel coût ? Entre 8 et 10 % des sommes levées.
— En combien de temps ? Un à quatre mois.
— Chez qui ? Ulule, KissKissBankBank, Arizuka, Bulb in Town, MyAnnona, Kickstarter, etc.

Le don récompense, aussi appelé don avec contrepartie, est surtout connu dans l'Hexagone grâce à Kickstarter et à Indiegogo, deux plateformes américaines, et aux Français KissKissBankBank et Ulule. Il est d'ailleurs intéressant de constater que les leaders de ce métier en Europe sont français. L'arrivée du géant américain Kickstarter sur le marché hexagonal en 2015 montre également à quel point ce dernier est considéré comme l'un de ceux ayant le plus fort potentiel parmi les grands pays occidentaux.

Les sites de don récompense fonctionnent assez simplement : vous voulez lever des fonds et proposez aux contributeurs de vous donner de l'argent, en échange de quoi vous leur proposerez une contrepartie en nature. C'est simple et fonctionne d'autant mieux que la récompense est attractive. Le cas le plus fréquent d'usage de cette technique, notamment pour les entreprises, est celui de la prévente. Une levée de fonds destinée à lancer un produit ou un service nouveau se caractérise par la remise de l'objet mis en production dès que celui-ci est fabriqué ou mis en vente. L'outil est accessible à tous et ne présente aucune limite à l'imagination ; il peut être employé par une grande entreprise tout comme un porteur de projet non encore structuré en société.

EN PRATIQUE

Des levées impressionnantes

Le crowdfunding permet de lever des montants parfois impressionnants : la plus grosse levée au monde est à mettre au crédit de Kickstarter avec 20,3 millions de dollars levés par la start-up Pebble en mars 2015. Lors de cette campagne, quatre-vingt-cinq mille montres connectées ont été précommandées. Grâce à l'arrivée en France de ce géant en 2015, le monde du don récompense hexagonal s'est trouvé un peu remué. Les start-up et les porteurs de projet français ont dorénavant accès au marché anglo-saxon et notamment américain pour tester et vendre leurs produits, sans être obligés de se délocaliser. Kickstarter, c'est une communauté de neuf millions de contributeurs, soit dix fois plus que les grands sites français. Sa cible : les entreprises (exemples : objets connectés, jeux vidéo) à dimension internationale… Ainsi, la plus grosse levée pour un projet français a été réalisée sur Kickstarter par les fondateurs de Prynt, un petit boîtier que l'on peut greffer à son smartphone pour imprimer des photos de type Polaroid. En janvier 2015, la campagne a atteint son objectif de 50 000 dollars en trente-trois minutes ! Au bout du compte, neuf mille vingt-trois contributeurs ont préacheté cette coque pour plus de 1 500 000 dollars. Pour sa part, l'entreprise grenobloise HEXO + a levé en 2014, toujours sur Kickstarter, 1 300 000 dollars pour pouvoir produire son prototype de drone avec caméra. Elle pensait n'en lever que 50 000 au départ… Le précédent record de 680 000 euros, en 2013, appartenait à l'actrice Michèle Laroque, cette fois sur Ulule, pour produire son film *Noob*.

Le lancement de nouveaux services n'est pas non plus exclu des campagnes de don récompense. Rien n'empêche une coiffeuse de lancer une campagne de collecte pour financer son projet d'activité de coiffure à domicile dès lors que la contrepartie constituée d'un certain nombre de coupes à domicile fait office de récompense la plus en phase avec l'objet de la collecte et le marché recherché.

Cependant, et si l'on considère les montants moyens réalisés par les campagnes en don récompense, les « diamants », ces fameuses levées extraordinaires et médiatisées, ne doivent pas faire oublier qu'en général, le montant moyen levé tourne plutôt autour de 3 500 euros que du million. Les diamants sont d'ailleurs parfois dangereux, car leur mise en avant à grands coups de communication par les sites donne parfois l'impression que ces derniers permettent de lever facilement de telles sommes. Qu'est-ce qu'un diamant ? C'est une belle histoire à trois facettes qui, pour diverses raisons, se finance un peu toute seule. Plusieurs raisons peuvent l'expliquer, allant de la conjonction de facteurs positifs pour le produit, qui trouve parfaitement son marché au bon moment, au soutien du site qui a décidé d'en parler agressivement sur sa page d'accueil ou dans sa newsletter. Sans oublier le cas du porteur du projet soutenu par un VIP. Ces diamants ne reflètent cependant pas la réalité quotidienne de l'outil : dans l'immense majorité des cas, loin d'engranger l'argent toute seule, chaque campagne nécessite de la part du porteur de projet un énorme effort de mobilisation de ses réseaux.

Un outil d'autocollecte

Le don récompense est, rappelons-le, un outil d'autocollecte. Il implique de la part du porteur de projet l'animation active d'une campagne et la très forte mobilisation de ses réseaux de connaissances et de proches. C'est en cela que le diamant ne doit pas tromper le porteur de projet, qui a moins de 1 % de chances de se trouver dans ce cas de figure et donc 99 % de chances de réaliser sa levée de fonds au prix d'une campagne de diffusion très active.

Selon les sites de don récompense, les taux annoncés varient au fond assez peu. Ils révèlent que 70 à 80 % des levées sont réalisées par la mobilisation des communautés proches du porteur de projet plutôt que celle de la communauté historique du site. C'est un point essentiel et il est désolant de voir que certains des plus importants sites de don récompense n'avertissent pas toujours leurs clients de cette contrainte. On reconnaît par exemple, notamment chez KissKissBankBank, que seul 1 % des fonds collectés pour les projets l'est par la communauté historique du site.

Le taux de réussite

Cet indicateur, que l'on retrouve sur tous les sites de don récompense dans la rubrique statistiques, est particulièrement intéressant. Il met en évidence le nombre de campagnes réussies sur le site par rapport au nombre de dossiers acceptés. Si l'on observe les grands sites, ce taux peut connaître de grandes disparités, autour de 40 % pour Kickstarter, 70 % chez Ulule, voire près de 80 % chez Bulb in Town. Cela signifie-t-il qu'il faut absolument se financer chez ce dernier ? Ce n'est pas si simple, car plusieurs cas de figure peuvent se présenter, auxquels le porteur de projet devra prêter attention.

– Tout d'abord, le taux de sélection des projets : une plateforme qui ne filtre pas les projets et laisse y accéder qui veut, s'expose à un fort taux d'échec. Un projet mal ficelé ou dont le porteur ne dispose pas de communauté risque fort de ne pas réussir sa collecte. Au-delà de la qualité du projet, certains sites de don récompense posent systématiquement la question suivante : « avez-vous une communauté à mobiliser ? » Ces sites qui assument leur appartenance au monde de l'autocollecte n'acceptent en effet que les dossiers dont le porteur peut mobiliser une communauté suffisante.

– La formation est, elle aussi, essentielle. Dès lors que le site a jaugé la profondeur d'une communauté, encore faut-il qu'il explique comment la mobiliser et l'animer. Là est toute la différence et d'un site à l'autre, les pratiques diffèrent. Chez Ulule, par exemple, des formations sous forme de réunion de quelques heures ont lieu toutes les semaines, dont les porteurs de projet ressortent emballés. Chez Bulb in Town, des conseillers sont en permanence à l'écoute des porteurs de projet pour les accompagner dans l'animation de leur campagne. Ces approches de formation et d'accompagnement peuvent clairement faire la différence, et le porteur de projet doit y veiller en amont du lancement de sa campagne.

Par conséquent, si le taux de réussite est un ratio important à observer, il est loin d'expliquer à lui seul le succès d'une campagne.

Pourquoi faire une campagne de prévente de chiffre d'affaires ?

Il est très important de bien réfléchir à ce critère, notamment pour une entreprise. Ce n'est pas du tout la même chose de tenter de financer un voyage solidaire autour du monde sur un site de don récompense que de rechercher les fonds nécessaires au développement d'un nouvel objet connecté. Dans le premier cas, on est dans une situation de pure empathie Internet : mobiliser ses proches et ses amis autour d'un projet très personnel. Il s'agit bien là d'une situation de pure autocollecte. Dans le second cas, on se place dans une situation de stratégie de financement et de lancement d'un nouveau produit par un entrepreneur ou une entreprise ; le succès de la levée dépend alors aussi de la campagne de communication et de marketing lancée et animée en même temps par l'entreprise. Il s'agit là d'une prévente qui fondamentalement ne diffère que peu d'une vente de bien ou service classique. Cette vente à terme ressemble assez à une pratique bien courante dans l'immobilier : les ventes en l'état futur d'achèvement, ou plus généralement les « ventes sur plan ».

Dans le don récompense, la nature de la contrepartie, le bien à produire, révèle bien les dimensions commerciales de la campagne. En France, 15 % des campagnes de don récompense sont initiées par des entreprises.

Le meilleur des tests

Depuis l'apparition du crowdfunding de don récompense, particulièrement utilisé en entreprise pour financer la production de biens et de services innovants, l'on constate de plus en plus souvent, notamment dans le *B to C*, que les sommes levées pour lancer un produit ne constituent pas toujours l'essentiel de la campagne de collecte, mais plutôt un prétexte pour mener une véritable étude de marché. Il existe diverses manières de tester en amont l'appétence d'un marché pour un produit. On pense notamment aux études de marché, aux sondages de clients ou aux études qualitatives sur des panels qualifiés. Néanmoins, ces techniques ont souvent montré leurs limites, sans même parler de leur coût prohibitif.

Le crowdfunding est en passe de compléter la gamme des outils de l'étude de marché. En effet, quelle plus belle étude que celle qui consiste à engager une campagne de collecte de fonds sur un produit dont on étudie le lancement et qui sera récompensée, justement, par le produit que l'on veut lancer ? Quelle plus belle étude de marché que celle qui consiste à découvrir directement son marché, celui de la communauté des clients potentiels, prêts à payer pour recevoir un produit qui n'existe pas encore ? C'est une chose de participer à une étude de marché en répondant à des questionnaires rémunérés, c'en est une autre d'être prêt à payer pour acheter à l'avance un produit qui nous plaît. De l'ère du panéliste payé, l'on passe à celle du préconsommateur, prêt à payer. Il n'est pas meilleure méthode de test.

La stratégie Océan Bleu

Le recours au crowdfunding en guise de test et d'études marketing nous renvoie notamment à la stratégie Océan Bleu[1], c'est-à-dire la capacité de tout un chacun, non de lancer un nouveau produit dans le bain de sang de l'hypercompétition (l'océan rouge) de produits comparables, mais un produit qui n'existe pas encore sur un marché à créer (l'océan bleu). Dans ce dernier cas de figure – et même s'il est prouvé que la création de richesse est beaucoup plus forte dès lors que le produit est un succès – la prise de risque lors du lancement est bien plus importante et la probabilité d'échec très élevée. En effet, aucune référence, aucun test ne valide *a priori* la pertinence de l'idée. Dans l'océan rouge à l'inverse, même si la bataille à livrer risque d'être terrible, dès lors que le travail est bien fait, on peut capter une petite fraction du marché existant. Dans le cas d'un lancement de produit

1 Stratégie marketing inventée par les chercheurs W. Chan Kim et Renée Mauborgne.

de type océan bleu, le recours au « crowdtesting » peut être un excellent moyen d'évaluer le potentiel du nouveau marché tant espéré.

Bien évidemment l'échec d'une campagne de crowdtesting ne signifie pas forcément que le produit n'est pas né d'une bonne idée, mais indique peut-être qu'il faut mener une étude plus poussée du marché potentiel ou de l'adéquation du produit à son marché. Il se peut aussi que la campagne de crowdtesting n'ait pas rencontré son public : c'est alors l'animation de la campagne qui peut être responsable de l'échec plus que le produit lui-même. À quoi bon lancer une campagne de crowdtesting d'un collier connecté pour chat dans les communautés des amoureux des chiens ? Même si cela peut sembler évident, cela rappelle aussi qu'en matière de lancement de produit, la campagne, même si elle n'est pas totalement fondée sur l'autocollecte, nécessite elle aussi de cibler des communautés spécifiques. L'animation d'une campagne de crowdfunding de don récompense revêt donc plusieurs dimensions qu'il faut conjuguer afin de ne pas courir le risque d'un échec.

Un excellent outil de communication

Financement, test et recherche de clients ne sont pas les seules qualités du crowdfunding de don récompense. La communication en est une autre, et les campagnes innovantes et réussies peuvent s'avérer de formidables caisses de résonance pour l'entreprise et pour le produit ainsi lancé. Il s'agit là d'un attribut que l'on retrouve également dans les autres outils du crowdfunding, qu'il s'agisse de dette ou de fonds propres.

Zoom expert

Les sites de don

Il n'y a pas de disposition spécifique en dehors de la législation existante pour les plateformes de don. Pour autant, afin d'être considérée comme sérieuse, une plateforme doit disposer de critères de sélection, de conditions générales d'utilisation, et avoir passé un contrat avec un établissement financier pour la gestion des flux. Si son site Internet ne propose que des financements sous forme de don, la plateforme n'a pas l'obligation de s'immatriculer auprès de l'ORIAS[1]. Toutefois, elle peut choisir de le faire en tant qu'intermédiaire en financement participatif (IFP). Elle doit alors respecter toutes les règles qui s'imposent aux IFP.

1 Organisme pour le registre des intermédiaires en assurance.

Un nouvel outil pour les entreprises

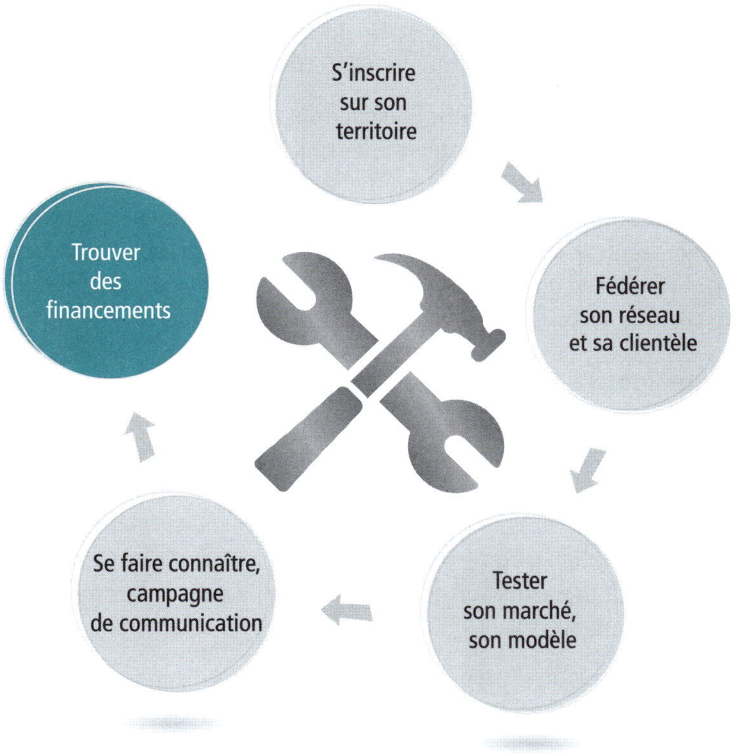

Un nouveau moyen de financer l'entreprise

Le don récompense est encore peu utilisé par les entreprises françaises. Les chiffres en attestent d'ailleurs d'une certaine manière, puisque les collectes cumulées en France par ce type de crowdfunding représentent à elles seules 40 % de la collecte du financement participatif. Seules 14 % des campagnes de collecte sont réalisées par des entreprises, contre 59 % par des particuliers et 27 % par des associations. Le marché va-t-il croître et de quelle manière ?

De même, les collectes relatives à des sujets culturels ou solidaires représentent à elles seules plus de 80 % des collectes, contre 5 % seulement pour des domaines plus technologiques. Ces chiffres montrent la relative faiblesse de la pénétration de cet outil de financement dans la stratégie et les usages des entreprises pour le moment.

Même si cette démarche est sans doute moins directe et naturelle que celle consistant à lever les sommes dont le porteur de projet a besoin, elle commence à faire des émules au sein du monde de l'entreprise et devrait à ce titre se diffuser assez largement dans les années à venir.

Enfin la frontière est de plus en plus ténue entre le particulier et l'entreprise, dans un monde où l'auto-entrepreneuriat, l'auto-emploi et la multicarrière sont des tendances fortes, soutenues par les pouvoirs publics comme un puissant moteur de lutte contre le chômage et l'exclusion. De fait, la micro-entreprise et la PME paraissent constituer des terreaux particulièrement fertiles de développement du crowdfunding pour l'entreprise par le don récompense.

Un complément à d'autres outils de financement plus classiques

Le don récompense est une technique particulièrement innovante dans l'univers des outils de financement de l'entreprise. Tout d'abord, il s'agit d'un instrument nouveau, alors que jamais par le passé, le financement de l'entreprise n'avait été considéré sous la forme du don. Nous verrons plus loin que l'appellation « don » s'apparente quelque peu à de l'abus de langage tant il ne s'agit pas, dans son essence autant que dans sa forme juridique, d'un don en tant que tel.

Néanmoins, personne ne pourra nier l'innovation qu'apporte ce nouveau mode de financement pour l'entreprise. Il présente notamment l'avantage de permettre de financer une nouvelle activité de l'entreprise ou une nouvelle société sans recourir à la dette ou à une levée en fonds propres. Nombre de start-up n'hésitent plus à lancer des campagnes de don récompense avant même de recourir, comme par le passé, à une levée en fonds propres d'amorçage de l'activité de l'entreprise.

Le crowdfunding de don récompense est d'ailleurs un formidable outil d'amorçage pour les start-up. Le créateur a une idée, un concept, un prototype, mais besoin d'argent pour se lancer. Il va pouvoir tester son produit ou service auprès sa clientèle. Aucun établissement financier ne prête de l'argent à cette étape : le projet n'offre aucune visibilité, le risque est trop élevé. Dès lors, soit le porteur du projet dispose d'un capital de départ, soit il cherche auprès de sa communauté un soutien financier atomisé pour lancer son concept.

Dans ce contexte, le don récompense semble intercaler un nouvel étage de moyen de financement entre les traditionnelles mécaniques de financement d'un lancement d'activité (autofinancement, levée en *love money*, dette bancaire, augmentation de capital en développement, etc.). Ces dernières sont désormais complétées par la possibilité de mener une campagne de don récompense. Mieux, par nature non dilutive, puisque ne touchant pas au capital de l'entreprise, cette campagne permet à l'entrepreneur de maîtriser davantage son capital et le développement de son projet.

Ce nouveau mode de financement de l'entreprise est synonyme en outre d'une sociologie très différente des financements habituels en ce qu'elle repose sur la capacité du porteur de projet à convaincre sa clientèle potentielle et son écosystème de contribuer au financement de son projet. Au contraire, l'investissement des financeurs traditionnels de type bancaire ou actionnaire dépend du niveau de rentabilité et de la pérennité de l'entreprise bien plus que de la réussite d'une campagne de prévente concentrée sur un seul produit. Cette technique de financement s'apparente plus à un financement dit de campagne qu'en fonds propres de l'entreprise. C'est là une différence essentielle.

Mieux, le financement de l'entreprise en don récompense s'avère bien souvent complémentaire des financements bancaires, n'en déplaise à la fraction du monde bancaire qui se montre toujours hostile à ces nouveaux modes de financement. En effet, l'entrepreneur sachant convaincre, par une campagne de don récompense, une grande quantité de clients potentiels d'investir dans son produit, dispose d'un argumentaire renforcé auprès de son banquier pour solliciter l'octroi de lignes de financement complémentaires. Sans compter les fonds propres qu'il se constitue de la sorte... De plus en plus souvent, des porteurs de projet estiment que leur campagne de don récompense a permis de susciter écoute et bienveillance de la part de leur banquier, voire financement complémentaire. C'est là une dimension tout à fait intéressante pour construire une stratégie de financement global de l'entreprise.

3 QUESTIONS À…

Arnaud Burgot, directeur général d'Ulule

Comment le crowdfunding avec récompense peut-il contribuer au financement du tissu entrepreneurial en France ?

Il permet de poser les premières briques du financement tout en lançant son projet et en commençant à créer quelque chose. L'intérêt est donc certes financier, mais il va bien au-delà. Tout d'abord, le crowdfunding est un outil de test grandeur nature qui suppose un niveau d'engagement des contributeurs plus élevé que sur des réseaux sociaux, par exemple Facebook ; il permet en outre de créer une relation différente avec le public, qui devient partie prenante du projet. Les contributeurs se muent en effet en ambassadeurs et entretiennent un lien privilégié avec l'entrepreneur. De plus, c'est un outil de communication : une fois qu'on a agrégé le premier cercle, c'est-à-dire les proches, on passe aux réseaux de ces derniers, qui deviennent à leur tour ambassadeurs, et ainsi de suite. C'est aussi un outil de crowdsourcing, puisque les contributeurs donnent leur avis sur le projet, que le porteur peut donc améliorer au fur et à mesure de la campagne et même après. Cela apporte donc beaucoup de valeur à l'entrepreneur. Enfin, le crowdfunding est un outil de création de confiance. Par exemple, les banquiers et les organismes de financement à qui l'on peut démontrer l'attrait du public pour un projet via une campagne de crowdfunding réussie sont plus enclins à donner leur feu vert pour financer un projet.

De plus en plus d'entreprises recourent au crowdfunding pour se financer. Est-ce une véritable alternative au financement de l'entreprise ?

Ce n'est pas une alternative, mais un outil complémentaire, différent de ce qui préexistait. Par exemple, une dette bancaire n'est pas attribuée au même stade de maturité d'une entreprise ; les subventions attribuées par divers organismes ne sont pas accessibles à tous types de projets. Le crowdfunding avec récompenses est lui utilisable par tout porteur de projet qui a une portée collective et permet en cas de succès de faire levier et de trouver plus facilement d'autres financements. Chez Ulule, le financement des sociétés commerciales représente 15 % de notre activité, avec des levées de 10 000 euros en moyenne. Pour le reste, nos porteurs de projet sont à 55 % des particuliers et à 35 % des associations. Cependant, la part des entreprises croît depuis 2013. Elles ont compris plus tard que les autres l'intérêt du crowdfunding, notamment les aspects non financiers de la démarche, les outils de communication, la capacité à préparer et à monter le projet, etc.

Le crowdfunding n'est-il réservé qu'aux entreprises et aux start-up qui lancent des objets connectés ?

Non, c'est beaucoup plus large et varié ! La plupart de nos projets d'entreprise n'ont rien à voir avec la technologie. Il peut s'agir du lancement d'un service ou d'une gamme de vêtements, de l'ouverture d'une boutique, ou encore de la production d'un jeu[1], entre autres. La part d'objets connectés et technologiques est chez nous minoritaire. En revanche, quelle que soit la plateforme, les mécanismes et les facteurs clés de succès les plus importants du crowdfunding sont toujours les mêmes : le porteur de projet, sa motivation et sa volonté de faire entrer son réseau dans le projet. Les inconnus s'intéressent au projet après, quand il a déjà acquis de la notoriété. Surtout, le crowdfunding, ce n'est pas magique ! Nous avons au sein d'Ulule des coaches pour aider les porteurs de projet dans leur démarche, car ces derniers doivent vraiment s'investir pour que la campagne se mue en succès.

1 Voir page 162, le portrait de Romain-Guirec Piotte.

Comment ça marche ?

La réussite d'une campagne de don récompense est fondée sur :

> un montant à atteindre dans un délai imparti ;

> une communauté engagée ;

> des récompenses.

Dès lors que votre projet est accepté par le site, il faut fixer le montant de la levée, la durée de la campagne, ainsi que les récompenses proposées. Ces trois éléments sont tout aussi essentiels les uns que les autres et la moindre négligence concernant l'un d'entre eux peut faire échouer la campagne. On pourrait comparer la compagne de don récompense à un tabouret à trois pieds : si l'un d'eux est trop court ou bancal, l'équilibre du meuble s'en trouve gravement menacé.

Le montant

Dès lors que l'on parle d'une campagne de collecte pour lancer un produit, il peut être tentant de penser que la question du montant à lever n'en est pas une et que, par nature, ce dernier sera fixé en fonction de l'ensemble des besoins financiers nécessaires pour lancer ledit produit ou service visé. Rien n'est moins sûr. En effet, les montants moyens levés sur une campagne de don récompense sont plus proches de 3 000 ou 4 000 euros que de 100 000 euros. Par ailleurs, l'ampleur de la communauté sollicitée est un autre facteur de réussite. En conséquence, le lancement d'une campagne trop ambitieuse peut entraîner l'échec de cette dernière. Le crowdfunding de don est de fait fréquemment utilisé en tant qu'outil de cofinancement, adossé à un prêt bancaire ou à un apport de trésorerie propre du porteur de projet ou de l'entreprise.

La règle du tout ou rien doit également être méditée. Nombre de sites de don imposent en effet au porteur de projet cette règle assez redoutable selon laquelle la campagne, si elle ne parvient pas à financer l'intégralité de la somme recherchée, sera considérée comme un échec. Cela peut être source de grandes frustrations quand l'animateur de la campagne échoue à quelques centaines d'euros près. D'autres sites préfèrent fonctionner avec des mécaniques de seuils de déclenchement. Dans ce cas, le site estime la somme minimum à partir de laquelle le projet présente tous les attributs de la viabilité et peut ainsi se lancer malgré l'échec relatif de la campagne. Cette technique est plus confortable pour le porteur de projet, mais peut aussi réduire la dynamique apportée à la campagne. S'il doit lever 10 000 euros, avec un seuil de déclenchement à 8 000, le porteur de projet va peut-être lever un peu le pied en considérant que sa campagne n'est pas un échec alors qu'il reste 2 000 euros à trouver. Dans le cadre d'une campagne « tout ou rien », il y a fort à parier qu'il va redoubler d'efforts pour parvenir au résultat final.

Le principe du « tout ou rien » et l'introduction d'un seuil

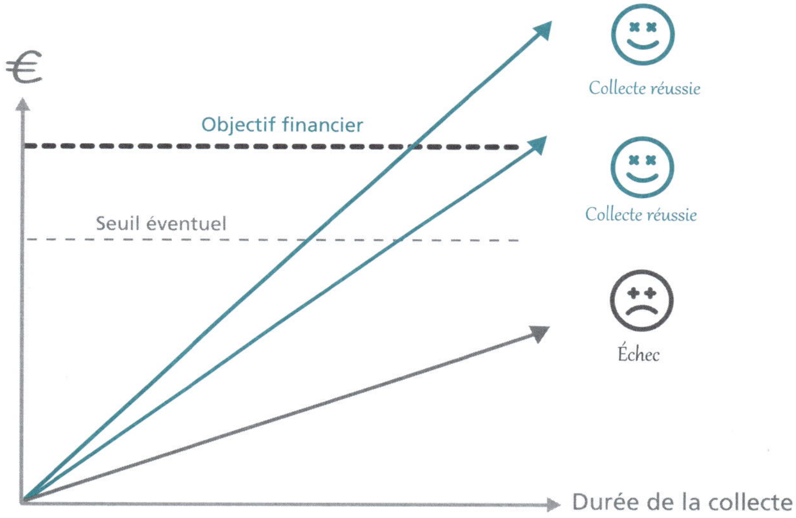

La durée

Là encore, le montant de la collecte n'est pas nécessairement corrélé à la durée de la campagne. En d'autres termes, ce n'est pas parce qu'un porteur de projet choisit une longue durée de campagne qu'il collectera plus et inversement. Cela tient de la logique dès lors qu'on est en présence d'un outil d'autocollecte et que le porteur de projet doit animer ses propres réseaux et sa propre communauté. Qu'il le fasse sur un ou trois mois revient au même et l'ampleur de sa communauté ne changera pas sur la durée.

Il peut évidemment paraître rassurant d'opter pour une durée suffisamment longue, mais l'expérience démontre que le comportement de l'animateur change en fonction de la durée de la campagne. Celle-ci doit en effet démarrer très activement afin de montrer à la communauté que le projet n'aura guère de difficultés à se financer. Les sites de don récompense disent tous à peu près la même chose : dès lors que vous avez réussi à assurer le financement de 50 % de votre collecte dans les premiers temps de la campagne, vous avez 90 % de chance de la réussir en intégralité. En dépit de la fable, vous voilà donc transformé en lièvre plutôt qu'en tortue : le succès de votre collecte en dépend.

Ce démarrage est à tel point vital qu'il ne faudra pas être surpris si l'on vous suggère de contribuer en amont à sa réussite. L'idéal consiste sans aucun doute à avoir un certain nombre de souscriptions sous le coude avant le lancement de la campagne (celles de personnes très proches, un peu de vos économies).

La durée de la campagne n'est pas nécessairement le point essentiel de celle-ci et sa courbe de vie se caractérise par un lancement en fanfare, puis un ralentissement très net avant la course finale vers sa clôture. Le « ventre mou » de la campagne, cette période pendant laquelle il ne se passe plus grand-chose, s'explique parfaitement. Le porteur de projet a très vivement sollicité sa communauté en entamant sa campagne. Une partie de celle-ci ayant réagi positivement, il ne peut plus la solliciter immédiatement et doit patienter.

En fonction de la durée de campagne, il peut solliciter sa communauté plusieurs fois, notamment en lui adressant une information régulière sur l'état d'avancement de la collecte, un contributeur exceptionnel ou emblématique, un point d'étape du projet, etc. La partie se joue néanmoins dans la dernière ligne droite, période pendant laquelle la communication redouble à destination de tous les « procrastinateurs » de la communauté. C'est alors que ceux qui, intéressés par le sujet mais peu pressés de participer compte tenu du temps qui leur a été donné, se réveillent pour boucler la collecte. Ce comportement d'une partie de la communauté montre bien à quel point allonger le ventre mou de la campagne ne sert pas à grand-chose : un procrastinateur le reste, quelle que soit la durée de l'événement.

Les récompenses

Les fameuses récompenses, qui font l'originalité de ce type de collecte, en constituent un aspect essentiel : la capacité du porteur de projet d'offrir aux contributeurs, en fonction de l'importance de leur mise, une récompense susceptible de les motiver dans leur démarche de soutien. La récompense peut revêtir de multiples formes, notamment la délivrance d'un bien ou d'un service, souvent dans le cadre de campagnes menées à des fins professionnelles ou par des entreprises. C'est dans le domaine des objets connectés, en fort développement, que cela se vérifie le plus : une entreprise lève une somme d'argent dans le but d'assurer le financement de la recherche et de la mise en production d'un nouvel objet de ce type, qui fera office de récompense.

La question se pose ici de la valeur de la récompense : est-ce la valeur commerciale du bien délivré ou s'agit-il d'un avantage pour le souscripteur qui a pris le risque de préfinancer ce produit ? Le bon sens dicte ici une règle simple : plus la récompense paraît bon marché au contributeur par rapport à sa valeur marchande, plus la motivation de ce dernier à le financer est grande. Dès lors, tout est une question d'équilibre entre cette valeur d'attrait et le budget prévisionnel établi par le porteur de projet. Dans le cas d'une campagne lancée dans une optique de test plutôt que de prévente, il convient sans doute, et si l'on veut tirer un résultat fiable de l'étude, de retenir une contre-valeur de récompense assez proche de la valeur marchande du bien proposé. À l'inverse, si l'objectif de la campagne est de mener une opération de communication pour montrer le succès du prélancement du produit, un discount attractif pour le contributeur s'avère judicieux.

Les sites expérimentés de don récompense savent parfaitement aider le porteur de projet à définir les récompenses. Forts de leurs milliers de campagnes réussies, ils disposent d'une base de données et d'une expérience sans équivalent pour déterminer les récompenses. Il ne faut jamais hésiter à les solliciter sur ce sujet important. Ils sont notamment d'une aide précieuse quand il s'agit de constituer des récompenses multiples. En effet, si la campagne permet peut-être de lancer le produit rêvé, elle doit se clore par la réussite de la levée. Dans ce cadre, il est fortement recommandé au porteur de projet de proposer différentes tranches et catégories de récompenses afin de satisfaire les prédispositions financières de tous les contributeurs (attribuer une récompense, proposer une rencontre avec les porteurs de projet, etc.). Rien n'est impossible en ce domaine et là encore, l'expérience des sites autant que la créativité du porteur de projet sont précieux pour construire la campagne.

Ces exemples montrent que le financement en don récompense n'est pas réservé qu'au financement des seules start-up innovantes, comme on l'entend trop souvent. Les exemples ne manquent pas pour les activités traditionnelles ou artisanales qui, elles aussi, y ont recours. À titre

EN PRATIQUE

En matière de services aussi

Le lancement d'un nouveau service peut lui aussi faire l'objet d'une campagne de collecte. Imaginons qu'un petit entrepreneur souhaite lancer des prestations de coiffure à domicile dans sa ville. Ici, la récompense se matérialise naturellement sous la forme de multiples prestations de ce type. Le porteur de projet peut aller plus loin afin d'exprimer sa gratitude aux financeurs qui lui auront permis de lancer son activité en envoyant un cadeau complémentaire aux contributeurs les plus importants. Les métiers de bouche sont également très présents sur les plateformes de crowdfunding. Il peut s'agir d'un restaurant qui ouvre ou veut financer des aménagements, de l'équipement informatique, un camion transformé en cuisine, des ateliers de cuisine, des services de repas à domicile, des ventes en ligne de produits régionaux, etc. Les contreparties sont faciles à construire et à proposer puisqu'il s'agit directement de leurs services. Là encore, il n'y a point de limite à l'imagination. Ces types de projets professionnels sont sans doute parmi ceux qui se prêtent le mieux à la fixation de récompenses clairement définies, valorisables et en lien avec l'objet de la campagne.

d'exemple, les créateurs de bijoux, de vêtements et d'accessoires sont également présents sur les plateformes de don récompense. L'objectif ? Prévendre leur collection pour en financer la production. Une campagne de crowdfunding constitue là encore un moyen de se faire connaître, de faire sa publicité et de trouver les fonds nécessaires pour lancer la production.

La détermination de ces récompenses impose au porteur de projet de bien évaluer le volume minimum à prévendre, les coûts de production, ainsi que les frais d'envoi pour boucler correctement son financement global.

En conclusion, les activités de commerce, notamment en *B to C*, qu'il s'agisse d'un site Internet ou d'un commerce de proximité, disposent désormais d'un formidable moyen de se faire connaître et de finaliser leur plan de financement. Les banques ne finançant pas le stock, cela permet de le faire financer par sa clientèle future qui a été séduite par le produit ou le service.

Zoom expert

La fiscalité des contreparties

La transaction réalisée doit s'assimiler à une vente et être enregistrée en chiffre d'affaires dans les comptes de résultat de l'entreprise ; ces revenus supporteront donc, le cas échéant, la fiscalité y afférente, notamment au titre de l'impôt sur les sociétés. De même et dès lors que l'on est en présence d'une vente, la question de l'application de la TVA se pose. Certains sites estiment que, si le montant de la récompense n'est que symbolique, il ne s'agit pas d'une vente, qui n'est donc pas soumise à la TVA. La position semble assez difficile à tenir tant la contribution réalisée peut s'assimiler très facilement à la constitution d'un prix, contrepartie de la récompense proposée : la rencontre, pour un bien ou un service déterminé, de l'offre et de la demande.

Combien ça coûte ?

Les sites de crowdfunding doivent assurer leur pérennité et donc facturer au porteur de projet des frais leur permettant de couvrir leurs charges et, à terme, de devenir rentables. Si le crowdfunding peut parfois sembler une activité de financement citoyen, alternative et très innovante, les fondateurs de plateformes n'en sont pas moins dans l'immense majorité des cas des entrepreneurs soucieux de rentabiliser leur business, voire de valoriser leur société en vue d'une cession à forte plus-value.

Les coûts facturés aux porteurs de projet par les sites de crowdfunding varient d'un métier à l'autre, mais restent assez similaires au sein d'un même métier. S'agissant des sites de don récompense, la facturation s'opère sous la forme d'un « *success fee* » sur les campagnes réussies. Le montant de cette commission oscille en moyenne entre 8 et 10 %, ce qui représente une somme assez significative pour le porteur de projet. Cette commission est perçue une fois la campagne terminée, par déduction de la somme à verser au porteur de projet. Il est donc essentiel que ce dernier prévoie le paiement de cette somme, notamment dans le cadre de la construction de son budget.

La grande majorité des sites de don récompense ne facture que les campagnes réussies. Cela ne coûte donc rien au porteur de projet d'une campagne en échec, en tout cas si l'on ne considère que les coûts directs facturés par le site. Un certain nombre de coûts indirects peuvent également entrer en ligne de compte. Certains sites par exemple, facturent des frais de dossier en amont de la campagne.

Des coûts indirects à ne pas négliger

Au-delà du *success fee* facturé par le site, la campagne de collecte de don récompense nécessite une phase de préparation et d'animation qui n'est pas gratuite pour celui qui va la lancer. Tout d'abord, la création du dossier de présentation sur le site suppose, dans la grande majorité des cas, de tourner une vidéo de présentation du concept. La production de ce support de communication peut, certes, être bon marché si elle est bricolée très simplement. Cependant, dès lors qu'elle se veut un peu plus qualitative, les frais varient de quelques centaines à plusieurs milliers d'euros.

Même si cette pratique reste rare, il n'est pas inimaginable de lancer une véritable campagne de publicité payante. L'achat de bannières ou une campagne sur Google Adwords peut appuyer une campagne de collecte dont l'objectif est de tester un produit ou de communiquer notamment.

Il est enfin un coût indirect que l'entrepreneur ne doit surtout pas négliger : celui du temps passé à animer la campagne. L'expression « Le temps, c'est de l'argent » trouve ici plus qu'ailleurs toute sa signification. Rappelons que la quantification du temps à passer reste assez difficile à réaliser.

Le coût des récompenses

Ce qui coule de source va encore mieux en le disant : les récompenses déterminées lors de la préparation de la campagne doivent bien entendu être remises aux contributeurs. Le coût ainsi que le temps passé pour ce faire sera d'autant plus important que le nombre de contributeurs est lui aussi élevé. Le coût des récompenses peut, par ailleurs, réserver quelques surprises notamment au cas où celles-ci correspondent à la délivrance du produit dont le porteur de projet cherche à lancer la production. La recherche et développement, la conception et la production ont-elles été bien budgétées en amont de la campagne ? Une marge de manœuvre pour imprévus a-t-elle été provisionnée dans le budget global ? Autant de sujets qui peuvent, au bout du compte, rendre la campagne beaucoup moins sympathique qu'on ne l'imaginait à l'origine...

Une campagne en crowdfunding peut donc générer des coûts qu'il est essentiel de prévoir le plus précisément possible lors de la phase de préparation. Ce point est d'autant plus important que ces campagnes sont bien souvent lancées par des entrepreneurs en herbe ou des start-up fraîchement nées et peu dotées en fonds propres et en capacité d'autofinancement.

Lean Startup et effectuation

Le crowdfunding de don récompense est aussi un moyen d'appliquer les méthodes de Lean Startup ou de l'effectuation. Ces méthodes innovantes fondées sur l'itération et l'exploration permettent depuis quelques années une nouvelle approche de l'entrepreneuriat et du démarrage d'activité.

Cette nouvelle vision de la création d'entreprise, adaptée à l'innovation de rupture, s'est construite grâce aux Américains Eric Ries, un entrepreneur de la Silicon Valley, pour le Lean Startup et la chercheuse Saras Sarasvathy pour l'effectuation (plus récemment Philippe Silberzahn en France). Cette approche bouscule assez sensiblement la stratégie de création d'entreprise, du démarrage de l'activité jusqu'à son développement, en y apportant réactivité, souplesse et opportunités. Dans un monde économique en pleine mutation, mieux vaut un test marché en temps réel qu'un long business plan élaboré dans une salle de réunion. Avec le numérique notamment, les cycles de commercialisation des produits doivent être de plus en plus courts. Par tâtonnement, par démarche incrémentale, l'entrepreneur et son équipe cherchent le chemin du succès économique avec les moyens dont ils disposent, progressivement et par petits tests, en restant à l'écoute de leur clientèle.

Grâce au crowdfunding, l'entrepreneur applique, consciemment ou inconsciemment, les méthodes du Lean Startup ou de l'effectuation. Il s'adapte à son environnement à moindre coût et en limitant les risques. Il peut tester son produit ou service innovant auprès de sa clientèle et de son réseau de proximité ; adapter son offre en fonction des retours clients immédiats *via* les échanges en ligne lors d'une campagne. Il déploie son projet dans un esprit de co-construction et d'incrémentation progressive de son modèle économique. Dans le meilleur des cas, grâce à la viralité des réseaux sociaux, il peut conquérir de nouveaux adeptes, de futurs clients ou fournisseurs. Il valide son concept produit directement sur son marché. C'est bien souvent plus efficace qu'une étude de marché. Une campagne de crowdfunding se solde par un acte de vente : nous sommes en pleine effectuation !

Chapitre 4

LE MONDE DU PRÊT

À savoir

— Pourquoi faire ? Financer des projets de développement et d'investissement de l'entreprise ainsi que ses besoins en fonds de roulement.
— Comment ? En empruntant de l'argent auprès de la foule par du prêt en ligne ou de l'émission de bons de caisse.
— Pour quels montants ? De 0 à 1 000 000 euros en prêt, de 0 euro à l'infini en bons de caisse ; 65 000 euros en moyenne, dans les deux cas plafonnés au montant recherché.
— Pour quel coût ? Entre 2 et 6 % des sommes levées, à un taux compris entre 5 et 10 %.
— En combien de temps ? Un à quatre mois.
— Chez qui ? Lendopolis, Unilend, Finsquare, Lendix, Lumo, Credit.fr, Prêtgo, Prêt PME, MyAnnona, etc.

Le crowdfunding pour entreprise n'en est encore qu'à ses débuts. S'il est un outil qui semble se prêter plus encore que le don au financement de l'entreprise, c'est bien le prêt, deuxième grande famille des outils de la finance citoyenne. On l'appelle souvent « *peer-to-peer lending* ». Si la famille du financement participatif par le prêt est multiforme et vaste, elle n'est apparue que récemment en France et ne représente en termes de levée de fonds que des sommes encore assez modestes. En revanche et au regard de ce qui se fait ailleurs et du cadre législatif adopté par la France, son potentiel est tout à fait colossal. L'on est probablement en présence d'un véritable outil de financement alternatif de toute une catégorie d'entreprises en mal de financement. Ce n'est pas un hasard si, fin 2015, pas moins de quatre-vingts sites de ce type s'étaient fait enregistrer dans l'Hexagone.

La famille du prêt est multiforme, tout d'abord parce qu'elle embrasse deux types de prêt très différents tant dans leur fonctionnement que dans leur cible : le prêt solidaire non rémunéré et le prêt rémunéré que nous qualifierons ici de « commercial ». Il s'agit donc plutôt de cousins parfois bien éloignés. Au sein même de la famille du prêt commercial, on distingue en

France trois types de plateformes qui, elles aussi, répondent à des besoins et à des modalités de fonctionnement très différente. Toutes ne sont pas adaptées au financement de l'entreprise.

Les différents types de prêt

Les précurseurs du prêt solidaire

Nous l'avons vu en introduction, l'une des premières plateformes de crowdfunding n'est autre que le géant américain Kiva, apparu en 2005. L'idée de ce site, qui s'inspirait à l'époque du site de prêt à la consommation Zopa, était de permettre aux internautes de contribuer au financement du microcrédit de par le monde. Babyloan, lancé en France en 2008 et devenu leader européen et deuxième site mondial de ce type, s'est inspiré de cette belle invention américaine : le crowdfunding de prêt solidaire dédié aux exclus du système financier qui, aux quatre coins du monde et grâce à un microcrédit, peuvent développer une petite activité d'autosubsistance et sortir de la pauvreté et de la précarité. Le microcrédit a été démocratisé à travers le monde grâce à l'économiste et entrepreneur social bangladais Muhammad Yunus, prix Nobel de la paix en 2006 pour son œuvre avec la Grameen Bank, fondée en 1976. La déclinaison du microcrédit en outils de financement participatif est signée Matt Flannery et Premal Shah, les deux fondateurs de Kiva, basés à San Francisco. En France, des sites tels que Xetic ou MicroWorld, filiale du groupe Positive Planet (ex-Planet Finance de Jacques Attali) sont dans la même veine.

Il existe à ce jour une vingtaine de sites de microcrédit dans le monde qui fonctionnent pour l'essentiel sur un modèle que l'on qualifie généralement d'intermédié. Le site agrée des institutions de microfinance dans les pays ciblés qui font financer ou refinancer sur le site certains de leurs clients ou de leurs prospects. Babyloan a permis à lui seul le financement de vingt-cinq mille petits projets professionnels à la fin 2015, soit 40 % du nombre de projets financés en France par les sites de financement participatif.

S'agissant du financement d'entreprise en France, les sites de microcrédit solidaire n'ont d'intérêt que s'ils permettent de financer des porteurs de projets nationaux. C'est le cas de Babyloan, qui a noué des partenariats avec des acteurs importants du microcrédit comme l'Adie (Association pour le droit à l'initiative économique) et Créa-Sol. Sur ce site, 15 % de la production de prêt solidaire sont aiguillés vers de petits entrepreneurs français. Les actions du crowdfunding en faveur du microcrédit se traduisent aussi en termes de communication par des messages forts adressés aux Français qui, en situation d'exclusion, ne connaissent pas forcément les possibilités offertes par le microcrédit pour s'auto-employer.

Ces mécaniques de crowdfunding solidaire au profit de projets sociétaux et de l'intérêt général relèvent d'un univers nommé « crowdimpacting ». Ce néologisme, association de « crowdfunding » et « impact investing », qualifie les sites de crowdfunding dont l'activité est éligible à l'impact investing. Ce dernier consiste pour un épargnant à affecter une partie de son épargne à des investissements à fort impact social. Il regroupe toutes les formes d'investissement, qu'il s'agisse de prêt rémunéré, de prêt solidaire ou d'investissement en fonds propres, dès lors que cet investissement est affecté à une cause d'utilité publique et d'intérêt social. L'impact investing est en plein développement. Inspiré des premières initiatives anglo-saxonnes, il permet d'étendre les capacités de traitement des questions d'intérêt général au-delà des circuits habituels de financement de ces secteurs que sont la subvention publique ou les dons privés. On sait la difficulté de financement des organismes d'intérêt général en temps de crise.

On trouve aussi dans le crowdimpacting certains sites de crowdfunding de prêt rémunéré spécialisés dans le financement de projets à fort impact social, d'associations, d'entrepreneuriat social, de PME des pays du sud de l'hémisphère, etc. Sans être exhaustif, on peut citer Blue Bees ou SPEAR en France qui marquent à leur façon l'ambition de contribuer à la lutte contre la pauvreté et l'exclusion par des mécaniques innovantes de crowdfunding.

EN PRATIQUE

Un modèle à part

Le modèle de SPEAR, assez différent des autres mécaniques de crowdfunding, passe par la souscription de parts de coopérative rémunérées par le contributeur. La valeur de son investissement sert de ressource à des prêts bancaires réalisés au profit d'entrepreneurs sociaux. Ce modèle se développe aussi hors de France, par exemple FADEV, pour le financement de PME en Afrique. Outre l'originalité de leur modèle, ces sites ont su développer une certaine expertise dans la qualification et le financement d'entreprises sociales dont les modèles économiques sont en général peu compris des sites de prêt commercial et d'*equity*. Le modèle du danois MYC4, même s'il rencontrait quelques difficultés en 2015, est une autre mécanique intéressante de prêt rémunéré au profit de PME africaines.

Le prêt solidaire désintermédié

L'idée de lancer des sites de prêt solidaire permettant de financer directement le porteur de projet a bien évidemment beaucoup de sens. C'est dans cet esprit que KissKissBankBank a lancé en 2013 Hello Merci, qui permet à des porteurs de projet, un peu à l'instar de ce qu'ils feraient sur un site de don récompense, de mobiliser une communauté de financeurs solidaires par le prêt. Cette idée intéressante a permis en près de deux ans de financer trois cent cinquante-neuf projets, pour un montant total de 865 000 euros et une somme unitaire de 187 euros. Ce qui est intéressant dans cette mécanique de prêt solidaire désintermédié, c'est sans doute son appartenance à la famille des outils d'autocollecte. Comme avec le don récompense, le porteur de projet doit disposer d'une communauté de proches et d'amis et l'animer. En fonction de la confiance qu'ils lui accordent, ces derniers accepteront de lui prêter, d'une manière solidaire, la somme qu'il cherche à lever. Chez Hello Merci, environ 70 % de la collecte sont issus de l'animation de la campagne réalisée par le porteur de projet. C'est en ce sens que l'outil est assez proche de celui du don récompense.

Pour financer notamment le lancement de start-up, de PME ou de micro-entreprises, le recours au prêt solidaire désintermédié peut se révéler un précieux moyen de constituer des quasi-fonds propres susceptibles, comme pour le don récompense, de convaincre d'autre cofinanceurs. Dès lors que la campagne de prêt solidaire est réussie, l'entrepreneur adresse à son écosystème un réel signal de confiance sur sa capacité à lancer l'activité. Concrètement, le site propose au porteur de projet un financement en prêt non rémunéré, amortissable sur une durée d'un à cinq ans et pour un coût, sous forme de *success fee*, compris entre 3 et 6 % de la somme levée. Chez Hello Merci, le montant moyen des levées tourne autour de 10 000 euros – un chiffre sensiblement supérieur au montant des levées sur les sites de don récompense.

Le prêt à la consommation dit de crowdfunding

L'une des principales origines du crowdfunding a été l'initiative de Zopa, première plateforme de ce type à imaginer une désintermédiation du prêt à la consommation. Un emprunteur porteur d'un projet personnel fait appel à la communauté des prêteurs proposés par le site, permettant de réaliser une sorte de prêt à la consommation collectif. D'autres initiatives sont inspirées de Zopa comme Boober et surtout le géant américain Lending

Club, fondé par un Français. Ces outils n'étaient, du moins à leur origine, pas faits pour permettre le financement d'entreprises.

Si en France, ce métier s'est développé grâce à Prêt d'Union, la question de son éligibilité au crowdfunding mérite d'être posée. En effet, en quoi un site qui ne propose pas de financement de projet par l'internaute, mais la simple possibilité d'acheter des fonds communs de placement servant de ressources financières à l'entreprise qui délivre, comme Cofinoga ou Cetelem, du prêt à la consommation pour des emprunteurs qui le lui demandent, peut-il être considéré comme du crowdfunding ? De plus, les placements proposés ne sont accessibles qu'à des investisseurs dits qualifiés, pas à l'ensemble du grand public. Un tel site relève de la réglementation sur les établissements de prêt à la consommation, mais en aucun cas des nouveaux statuts adoptés par le législateur français pour les sites de crowdfunding. N'est-on pas plutôt face à des outils de titrisation au service d'une entreprise de crédit à la consommation ? La part des investisseurs institutionnels dans cette belle mécanique amenuise plus encore la part de financement par la foule.

Si la question n'a que de peu d'intérêt quand on se place du côté de l'emprunteur, elle joue tout de même sensiblement, et en fonction de la réponse qu'on y apporte, sur le poids du crowdfunding dans le financement de l'économie d'un pays. En France par exemple, les statistiques de l'association Finance Participative France (FPF) font ressortir pour 2014 une collecte de 153 millions d'euros, dont pour la partie prêt (50 % de la collecte dans l'Hexagone) 80 % de « prêts non affectés ». Cette pirouette sémantique fait référence à la production du seul site, Prêt d'Union, qui adhère à l'association FPF et se revendique du monde du crowdfunding dans sa communication.

Le prêt commercial pour entreprise

On entre ici dans le vif du sujet de la contribution du crowdfunding du prêt pour le financement d'entreprise. L'histoire récente d'autres grands pays montre à quel point les sites de prêt rémunéré, notamment destiné au financement d'entreprise, sont de puissants vecteurs de financement de l'économie. Funding Circle au Royaume-Uni ou plus récemment la déclinaison entreprise de Lending Club aux États-Unis, prouvent tout l'enjeu du sujet. Au Royaume-Uni, 50 % de la collecte du crowdfunding est drainée par le financement d'entreprises.

Dans les grands pays développés et tout particulièrement en France, les entreprises sont contraintes de trouver des outils de financement alternatif par rapport à ceux de la finance traditionnelle. Pire, nombre d'entreprises dont on connaît le niveau insuffisant de capitalisation, dans l'Hexagone par exemple, recherchent sans cesse des financements qui leur sont refusés par les financeurs traditionnels.

On pense notamment à ce paradoxe français selon lequel de plus en plus d'entreprises se plaignent de n'avoir pas suffisamment accès au financement bancaire, alors que les banques ne cessent de répondre que, de leur côté, elles prêtent de plus en plus au tissu entrepreneurial français. Ce constat est-il révélateur d'un déni de réalité ou plus probablement la

EN PRATIQUE

Le prêt affinitaire, dans les gènes de MyAnnona

MyAnnona est la première plateforme de crowdfunding dédiée à l'entrepreneuriat féminin. En octobre 2015, elle a lancé une solution de prêt inédite, à mi-chemin entre le prêt bancaire et le prêt solidaire : le prêt affinitaire. Cette innovation vient d'un constat simple. Les établissements financiers sont structurés de telle manière qu'ils ne peuvent prendre de petits risques (en raison de Bâle II et III) et ne peuvent apporter des solutions concrètes de financement en phase d'amorçage ou de rebond. De nombreuses entreprises ne peuvent recourir au crowdfunding de don avec récompense, car elles travaillent uniquement avec d'autres sociétés (*B to B*). D'autres entreprises ne peuvent bénéficier de prêts bancaires en raison de difficultés passagères, même résolues, de l'objet du financement (développement commercial, investissement immatériel, etc.), ou encore de la garantie ou l'impossibilité de s'assurer. Pour autant, elles font du chiffre d'affaires et présentent de belles perspectives en dépit de quelques fragilités identifiées. De même, des structures en amorçage d'une nouvelle activité, en création ou en développement, peuvent faire appel au prêt affinitaire. Cela s'apparente à une opération de *love money*, que les porteuses de projet s'engagent à rembourser, associée à une rémunération du prêt. Évidemment c'est une opération à risque élevé, sachant que 35 % des entreprises ont disparu trois ans après leur création... Le prêteur, lui, doit être averti qu'il s'agit d'un prêt affinitaire. Il investit parce qu'il est particulièrement sensible au projet et à sa porteuse. Pour autant, MyAnnona mise sur la relation de confiance qui s'établit entre cette dernière et ses prêteurs pour avoir un taux de défaut réduit par rapport aux risques encourus. La collecte de ce type de prêt est, en grande partie, de l'autocollecte. Il faut que les porteuses fassent appel à la foule, à une communauté de proximité pour donner vie à leur projet. La présence d'un bon réseau (premier et second cercles) est essentielle pour la réussite d'une telle campagne, comme pour le don récompense. Si ce réseau n'existe pas encore, il faut le construire au préalable de toute campagne.

conséquence d'un décalage entre les sommes prêtées par les banques (particulièrement contraintes par les réglementations prudentielles de type Bâle II et III) aux entreprises françaises et le nombre d'entre elles qui y ont accès ? Cette sorte de dialogue de sourds mériterait sûrement quelques éclaircissements.

C'est dans ce contexte qu'une finance de dette *a priori* alternative pour le tissu entrepreneurial en France s'avère une aubaine dont le potentiel peut sembler colossal. Les pouvoirs publics ne s'y sont d'ailleurs pas trompés en faisant du prêt commercial pour l'entreprise l'un des grands volets des dispositions sur la crowdfunding adoptées par ordonnance pendant l'été 2014.

Comment ça marche ?

Les sites de crowdfunding de prêt permettent à une entreprise de lever de la dette sur du court ou du moyen terme auprès de la communauté d'internautes prêteurs. Formellement, c'est assez simple : une entreprise fait une demande de financement auprès du site qui, après l'avoir agréée, lance une campagne de collecte de prêt auprès de la grande communauté des épargnants. À charge pour l'entreprise d'honorer ses engagements en remboursant la communauté de prêteurs. Ici, le prêteur n'est plus la banque, mais une multitude de petits prêteurs qui, grâce à la présentation faite sur le site, décident d'affecter une partie de leur épargne à tel ou tel dossier, voire à un panier de dossiers dès lors que le site propose cette option.

Ces outils paraissent tout particulièrement adaptés au financement d'entreprise et les chiffres parlent d'eux-mêmes, à l'exact inverse de ceux du don récompense. En effet, les porteurs de projet sont pour 56 % des entreprises, contre 39 % des particuliers et 5 % le monde associatif. Les montants levés semblent, eux aussi, en plus forte adéquation avec des besoins d'une entreprise, puisque le montant moyen de collecte pour un prêt commercial en crowdfunding s'élève à 65 448 euros. Enfin, presque 100 % des dossiers de ce secteur aboutissent, pour un montant moyen placé par dossier et par investisseur de 561 euros. Les projets d'entreprise financés par ces outils concernent pour 78 % des projets liés au commerce et aux services.

3 QUESTIONS À...

Polexandre Joly, président et cofondateur de Finsquare

Votre plateforme est l'une des rares à s'être positionnée sur le financement court terme uniquement. Pourquoi ?

Si l'on considère les prêteurs, les particuliers préfèrent les placements à court terme, car intrinsèquement moins risqués – les statistiques de la Banque de France en attestent. En outre, la liquidité de l'investissement est beaucoup plus importante que sur les autres plateformes. Si l'on regarde à présent du côté des emprunteurs, le succès de ces plateformes dans les pays anglo-saxons s'explique par le fait que c'est facile, rapide, moins bureaucratique que de solliciter les banques. Par exemple aux États-Unis, Lending Club propose un taux de 8 %, beaucoup moins élevé que l'équivalent bancaire ou les organismes de crédit. Certes, en France, les PME peuvent faire financer leurs projets par les banques à des taux beaucoup plus bas, jusqu'à 2 %. Qu'est-ce qui les fait accepter un taux d'emprunt à 8 % ? Tout d'abord, c'est notre positionnement court terme. Dans 50 % des cas, les PME se financent sur le court terme par du découvert autorisé pour un coût de l'ordre de 8 à 20 %. Ce qui rend le financement court terme cher et peu flexible. Notre service est une réponse efficiente et rapide pour leur besoin en crédit de moins de vingt-quatre mois. Enfin, les prêts moyens pour les entreprises de moins de dix salariés sont modestes (25 000 à 30 000 euros). Même à un taux de 8 % sur six mois, la différence est minime pour les emprunteurs par rapport aux banques, d'autant qu'il n'y a pas de caution. Nous répondons aux besoins des PME que les banques ne considèrent plus, notamment en raison de la réglementation : elles prêtent moins à court terme, pas sur l'immatériel (brevet, achat de stocks, caution de bail commercial, etc.), et pas des petits montants.

Concrètement, comment cela se passe-t-il pour un entrepreneur sur votre plateforme ?

Il commence par s'inscrire sur le site, puis suit trois étapes. Il renseigne tout d'abord les informations de base sur lui (nom, etc.). Il entre ensuite son numéro Siren, ce qui permet de pré-analyser son dossier (son entreprise doit avoir plus de deux ans d'existence, être solvable, etc.). Sur cette base, il devient éligible ou pas. Enfin, il télécharge ses documents fiscaux (sa dernière liasse fiscale et ses trois derniers relevés bancaires). Toutes ces données sont aspirées et une notation est réalisée. Un analyste crédit passe le dossier en revue, puis un comité de crédit, en général composé d'un expert-comptable et d'un spécialiste du crédit professionnel, donne son avis. La réponse est apportée à l'entrepreneur sous vingt-quatre heures et son projet finançable à quarante-huit heures.

En tant que représentant des IFP[1] au sein de FPF[2], comment voyez-vous l'évolution du nouveau statut d'IFP datant du 1er octobre 2014 ?

J'y vois la possibilité donnée aux professionnels de prêter aussi sur les plateformes. C'est logique, car certaines entreprises ont aussi envie de placer leur trésorerie ! Cela permet en outre de déplafonner le montant des prêts par les particuliers par projet, qui s'élève à 1 000 euros aujourd'hui, du fait de l'influence du lobby bancaire. En termes de fiscalité, cela peut également permettre une imputation des postes sur la feuille d'imposition et donc un dégrèvement. Enfin, ce nouveau statut pourrait entraîner la création d'une niche fiscale pour favoriser le prêt aux particuliers, ce qui est déjà possible pour le crowdfunding en equity.

1 Intermédiaire en financement participatif.
2 Financement Participatif France.

Les différents modèles

Il existe trois modèles : les IFP, les sites de bons de caisse et les sites obligataires.

Les sites IFP

En août 2014, la loi a reconnu officiellement la possibilité pour une personne physique de prêter à une entreprise. Pour cela, un statut spécifique a été élaboré : les Intermédiaires en Financement Participatif (IFP). Ceux-ci sont autorisés, dans le cadre de contraintes définies par décret, à proposer également à des particuliers de prêter à des entreprises en recherche de financement.

Zoom expert

Le statut d'intermédiaire en financement participatif (IFP)

Depuis l'ordonnance n° 2014-559 du 30 mai 2014 complétée par le décret (n° 2014-1053) le 16 septembre 2015, qui fixe les règles du jeu en vigueur depuis le 1er octobre 2014, des plateformes peuvent mettre en relation des porteurs de projet et des prêteurs. La loi a limité son investissement à 1 000 euros maximum par projet si le prêt est à titre onéreux, et à 4 000 euros maximum si le prêt est à titre gratuit. Le montant levé est plafonné à 1 000 000 euros. Il est réservé à ce jour aux personnes physiques. Des règles d'informations aux prêteurs sur le projet à financer ont été mises en place.

Le monopole des banques en matière de prêt a bien été supprimé. Pour autant, les limites imposées sont telles qu'elles réduisent considérablement l'impact sur l'économie française et brident leur développement, notamment si on le compare aux États-Unis et au Royaume-Uni.

Olivier Goy, fondateur et président du directoire de Lendix, s'est inspiré des modèles anglo-saxons comme Lending Club et Funding Circle. Il a associé à sa plateforme de crowdfunding IFP un fonds commun de titrisation constitué d'investisseurs institutionnels et de grosses fortunes. Ainsi, la foule et ce fonds cofinancent les prêts sélectionnés par Lendix. Cela va même plus loin, car si la foule ne souscrit pas le prêt, le fonds va au-delà des 51 % financés au départ et complète sa participation à cette dette afin qu'elle soit souscrite dans sa globalité. Nous nous éloignons ici quelque peu de la notion de financement par la foule.

Les bons de caisse

C'est à l'avocate Isabelle Cabre que l'on doit le lancement du premier site français de prêt commercial, Unilend, avant même l'adoption d'une réglementation sur le sujet. D'autres sites cherchaient en vain et depuis des années des formules permettant à des particuliers de prêter à des entreprises moyennant rémunération. Ceux qui s'y sont essayés, comme FriendsClear par exemple, s'y sont cassé les dents. En 2013, Isabelle Cabre eu l'idée géniale de dénicher au fin fond du Code monétaire et financier un outil de financement de l'entreprise que l'on n'utilisait plus depuis des années, le bon de caisse. Celui-ci peut en effet être émis conventionnellement par nombre d'entreprises sans autres contraintes que leur ancienneté et l'existence de comptes certifiés.

Les sites de bons de caisse permettent de lever des financements supérieurs à 1 000 000 euros, contrairement aux sites IFP, et sont ouverts à tout type d'investisseur, qu'il s'agisse de personnes physiques ou morales. Il est d'ailleurs intéressant, à ce titre, de voir de gros institutionnels nouer des partenariats avec certains de ces sites afin d'investir d'importantes sommes, souvent en abondement de ce que les investisseurs directs du site placeront sur les dossiers agréés. C'est ainsi qu'Unilend a annoncé courant 2015 l'engagement de l'assureur Aviva à investir 100 millions d'euros dans les projets présentés par le site en abondement sur certains projets en ligne.

Ce développement de crowdfunding ressemble à ce qui s'est passé aux États-Unis ou au Royaume-Uni, où les institutionnels, considérant le placement en crowdfunding comme une nouvelle classe d'actifs et donc comme un outil de diversification des portefeuilles, n'hésitent plus à engager des sommes significatives dans ces nouveaux outils de placement.

Les sites obligataires

Ces sites un peu particuliers proposent aux épargnants de souscrire des titres obligataires émis sur la base de petites coupures. Ces outils complètent la palette des financements proposés par les sites IPF et bons de caisse. Par exemple, la durée de placement peut être plus longue (huit à dix ans) grâce à l'utilisation des obligations. Ces dernières sont des titres financiers et ces sites sont donc contraints par la réglementation des sites d'investissement. Ils doivent donc acquérir le statut de CIP (conseiller en investissements participatifs) et non celui d'IFP.

Zoom expert

Le conseiller en investissements participatifs (CIP)

Depuis l'ordonnance n° 2014-559 du 30 mai 2014 complétée par le décret (n° 2014-1053) du 16 septembre dernier, qui fixe les règles du jeu en vigueur depuis le 1er octobre 2014, le crowdfunding sous forme de titres financiers a également ses règles, Il concerne uniquement les actions ordinaires ou les obligations à taux fixe. Le montant levé est plafonné à 1 000 000 €. Les règles d'informations aux investisseurs potentiels sur le projet à financer, les risques liés à celui-ci ainsi que les modalités de l'offre sont plus importantes que pour le statut IFP.

Des sites tels que SmartAngels utilisent ce procédé de financement d'entreprise en complément de l'offre de crowdfunding d'investissement qu'ils proposent par ailleurs. Lumo, premier site français de financement de projets liés aux énergies renouvelables, fonctionne sur le même principe, particulièrement adapté à la durée de financement de ce type de projet.

L'obligation émise par ces sites et souscrite par les investisseurs a un peu les mêmes caractéristiques que le prêt : durée, remboursement en capital et intérêts financiers fixés au départ et programmés à l'avance. Ils offrent en cela une grande visibilité au contributeur. Comme pour le site de prêt, le risque de l'investisseur reste celui de la signature, c'est-à-dire de l'éventuel défaut de l'entreprise. Attention, ces obligations ne sont pas cessibles et doivent être conservées jusqu'au remboursement.

Mise en pratique

Communication et marketing

Les sites de prêt commercial, quelle que soit leur forme, concernent essentiellement le crowdfunding d'épargne, mais n'excluent en rien l'autocollecte. Leur rôle consiste donc à déployer un lourd marketing afin de convaincre la grande communauté des épargnants français de la pertinence du produit d'épargne qu'ils leur proposent. Il est symptomatique de constater l'importance des budgets de communication et de marketing, investis à leurs premières heures par ces sites. Ils sont tous condamnés à gagner rapidement de lourdes et coûteuses parts de marché. Aujourd'hui, ils sélectionnent des projets presque toujours sur des critères quasi identiques à ceux des banques. Il s'apparente à un produit d'épargne nouveau proposé à des investisseurs.

Dès lors, le travail du porteur de projet est essentiellement concentré sur la première phase de préparation d'agrément de son dossier par le site. Il doit convaincre celui-ci de la solidité de l'entreprise et de sa capacité à payer les intérêts et à rembourser le capital emprunté sur la durée. Cela explique pourquoi nombre de ces sites exigent que les entreprises candidates puissent présenter au moins deux ou trois exercices audités (pour des questions légales pour les sites de bons de caisse), qui soient en outre porteurs de pérennité autant que de rentabilité. Bien évidemment, cela réduit sensiblement le champ des candidats (voir plus loin « Le taux d'intérêt, l'équation impossible ? »).

Pour être agréé, le porteur de projet doit livrer un lot d'informations et de documents relatifs à l'entreprise et à sa situation financière. Le dossier, un peu comme dans le processus bancaire, passe alors par le filtre d'un comité de crédit, voire en amont d'un scoring numérisé, c'est-à-dire un système de notation de l'entreprise en fonction de ses données financières passées. Ce n'est qu'une fois l'accord de ce comité d'engagement obtenu que le dossier peut être mis en ligne.

Comme pour les autres variantes du crowdfunding, l'animation de la campagne est essentielle. Le succès de la levée repose en effet beaucoup sur la capacité du site à fédérer une importante quantité d'épargnants investisseurs. Le porteur de projet veille donc à bien déterminer l'importance de la visibilité que le site doit offrir à son projet en termes de communication auprès de sa communauté : le dossier sera-t-il suffisamment mis en avant sur la page d'accueil du site, dans la newsletter ou dans des messages adressés par le site à sa communauté ? Ces actions sont tout à fait essentielles.

Bien entendu, ces outils n'excluent pas, pour les entrepreneurs qui le souhaitent ou le peuvent, de réaliser une autocollecte auprès de leurs réseaux. Même si c'est moins vital dans ce cas que pour les autres métiers du crowdfunding, cela peut donner une image dynamique du lancement de la campagne. Et cette campagne peut servir au porteur de projet d'outil de communication et de mobilisation de sa communauté, qu'elle soit constituée de proches ou de membres de l'écosystème de l'entreprise (clients, fournisseurs, partenaires, salariés).

Un outil d'épargne bien plus que d'autocollecte

Est-ce à dire qu'il n'y a rien à faire ? Non, bien entendu. Pensons notamment au travail assez lourd que l'entrepreneur doit réaliser pour présenter son entreprise, ses projets et ses états financiers qui seront publiés sur le site afin de convaincre les épargnants. Ce travail est plus important encore sur les plateformes de prêt commercial que pour le don récompense.

La gestion des flux et des remboursements

La force des sites de prêt est qu'ils font le travail pour l'entreprise. Dès lors que la collecte est terminée et que l'on entre dans une phase de remboursement des investisseurs, le site gère l'ensemble des flux tant en direction des investisseurs qu'à partir de l'entreprise. Le logiciel du site, par exemple, calcule les sommes dues par l'entreprise.

La loi a mis en place une clause de gestion extinctive qui impose à la plateforme d'apporter la garantie qu'en cas de disparition, le prestataire de service de paiement assurera le remboursement des échéances de prêt. Cela doit figurer dans les conditions générales de la plateforme.

D'autre part, afin de favoriser ce nouveau type d'investissement auprès des particuliers, un amendement a été déposé par le gouvernement le 1er décembre 2015. Il permettrait, s'il était adopté, d'imputer les pertes en capital reconnues comme définitivement irrécouvrables des opérations de crowdlending sur le montant imposable des intérêts perçus dans le cadre d'autres opérations de prêt *via* le financement participatif. Un report sur les cinq années suivantes est envisagé. Il serait appliqué dès le 1er janvier 2016 et ne concernerait que les prêts consentis à partir de cette date.

Combien ça coûte ?

Au-delà du taux d'intérêt et du capital qu'il faut payer et rembourser, le site doit trouver *via* son activité les revenus pour couvrir ses coûts de fonctionnement. Selon les sites, les modes de facturation de l'emprunteur, car c'est lui qui est ici facturé, varient légèrement. Néanmoins, les modèles sont assez proches les uns des autres. Ils consistent à facturer un *success fee* dès lors qu'une collecte est réussie. En moyenne, le *success fee* facturé est d'environ 4 %, mais cela peut varier d'un site à l'autre, certains travaillant sur la base de frais dégressifs qui peuvent démarrer à 6 %.

Quant aux frais sur encours facturés par certains sites, ils équivalent à un taux annuel calculé sur le capital restant dû et sont généralement de l'ordre de 1 %. Enfin, certains sites facturent des frais de dossier un peu à l'instar du monde bancaire. L'entrepreneur doit se montrer vigilant sur le montant des frais globaux et raisonner sur un taux effectif global, dont le poids peut être sensiblement supérieur, notamment sur un emprunt de courte période, à l'examen du simple taux facial.

Le taux d'intérêt, une équation impossible ?

Fin 2015, on dénombrait en France pas moins de quatre-vingts demandes d'agrément en tant que sites de prêt commercial. Une véritable ruée ! Des plateformes comme Unilend, Finsquare, Credit.fr, Lendix, Lendopolis, ou encore Prêtgo occupent déjà le devant de la scène. Pourtant, et à y regarder de plus près, on est assez surpris de découvrir que ces sites ne proposent pour le moment que peu de projets à financer. En outre, l'envolée annoncée du secteur est plus lente que prévue.

Les statistiques donnent une réponse assez intéressante sur le sujet. Par exemple, sur Unilend, moins de 2 % des dossiers étudiés sont acceptés, 10 % chez Lendopolis. La sélection très stricte des dossiers offre de fait peu de solutions alternatives aux entreprises en complément des financements bancaires. Leur offre actuelle est assise sur une sélection très stricte des projets presque toujours fondée sur des critères similaires à ceux des banques.

L'explication est très simple : l'on est ici dans le monde du crowdfunding d'épargne et la priorité des quatre-vingts sites agréés en France, en hyper-concurrence entre eux, est de convaincre les épargnants de l'intérêt d'y investir leur bas de laine. Les taux proposés par les plateformes sont donc particulièrement élevés (de 7 à 10 %). D'un autre côté, ces sites doivent tout faire pour proposer à leurs épargnants des dossiers de grande qualité qui ne feront pas défaut à la première occasion, d'où leur exigence en termes de sélection. Dans ce contexte de très grande concurrence, il n'est pas concevable qu'un site surexpose ses épargnants au risque de défaut, au risque de défrayer la chronique (les médias attendent le crowdfunding au tournant) et de perdre toute crédibilité auprès de l'ensemble de ses épargnants, partis à la concurrence.

Ce départ un peu hésitant des sites de prêt commercial en France met en lumière ce que l'on pourrait appeler une « équation impossible » : leur immense difficulté à trouver des entreprises de très grande qualité dont les dirigeants acceptent de s'endetter à des taux sensiblement plus élevés que ceux proposés par leurs banquiers habituels.

Les bénéfices du prêt commercial pour une entreprise

Une mécanique complémentaire du financement bancaire

Quelle que soit la nécessité de construction d'une courbe d'expérience et sans doute d'un affinage du modèle par certains de ces sites, ces derniers apportent néanmoins une réponse à une partie des besoins des entreprises en recherche de financement. Plusieurs points plaident cependant en faveur d'un véritable outil de financement agile et alternatif, simple d'usage et donc au service de la stratégie d'entreprise.

La rapidité

Les modèles proposés sont presque tous construits sur une mécanique agile et rapide, tant pour la qualification que pour la mise en ligne des dossiers. C'est un argument fort au regard de ce qui se pratique parfois dans la finance traditionnelle. Certains sites en font d'ailleurs leur marque de fabrique en s'engageant, dès lors que le dossier à constituer par l'entreprise est complet, sur des délais d'acceptation et de mise en ligne qui donnent à l'entreprise une excellente visibilité quant à l'usage de l'outil.

L'absence de garantie

La réponse à la question de « l'équation impossible » réside aussi dans le type de dette proposé à l'entreprise par les sites de prêt commercial. Contrairement à ce qui se passe souvent dans le monde bancaire, il n'est pas question ici de garantie personnelle ou réelle que devrait donner l'entrepreneur. Nous sommes en présence d'une finance directe et rapide et l'épargnant devient simple créancier chirographaire, sans autre garantie que celle de la confiance qu'il a accordée au dossier de son choix. C'est pour l'entrepreneur un argument fort, là aussi ; et dès lors que son dossier est accepté, c'est en outre un gage de souplesse et de rapidité.

La diversification des financeurs

Nombre d'entreprises aiment, dans leur stratégie de financement, diversifier leurs ressources, évitant ainsi une éventuelle coupure des vannes par l'un de leurs financeurs. C'est un élément important qui peut justifier le recours au crowdfunding de prêt commercial, y compris sur des niveaux de taux assez élevés. Une entreprise dont le financement du BFR (besoin en fonds de roulement) ou le besoin d'investissement s'élève à 1 million d'euros peut estimer pertinent, dans un pool de financeurs, d'inclure une ligne de crédit de 100 000 ou 200 000 euros venant d'un site de crowdfunding.

Dans ce cas de figure, l'entreprise raisonne en taux moyen global de ses financeurs plutôt qu'en taux unitaire par financeur.

La communication

Il s'agit là d'une approche plus innovante mais qui peut faire sens : comme dans une logique d'autocollecte, l'entreprise peut avoir envie de se faire connaître ou de mettre en avant l'un de ses projets auprès du grand public. Le recours à un site de prêt commercial peut être l'un des vecteurs de cette communication, que celle-ci soit locale ou nationale. Par exemple, le fabricant d'accessoires en voiles de bateau recyclées 727 Sailbags a été le premier dossier financé sur Unilend. Le lancement de la campagne de collecte, dont l'entreprise n'avait pas un besoin vital, a été accompagné par une campagne de communication qui a valorisé la marque. Montrer la dynamique de l'entreprise, son agilité et sa capacité à recourir à des outils innovants de financement et de développement peut justifier qu'un entrepreneur recoure au crowdfunding de prêt commercial.

La participation de l'écosystème de l'entreprise à son financement

C'est l'un des grands sujets du crowdfunding. Dès lors que le financement de l'entreprise, quel que soit l'outil utilisé, s'ouvre au grand public, avec selon les cas une part d'autocollecte plus ou moins importante, rien n'empêche les écosystèmes propres de l'entreprise d'y participer. On pense notamment à l'association des salariés, des clients et des fournisseurs de l'entreprise. L'idée peut paraître saugrenue et déplacée à certains entrepreneurs, mais va en interpeller d'autres. Resserrer les liens des acteurs de l'écosystème de l'entreprise peut relever d'une stratégie parfaitement assumée de l'entreprise. Ce faisant, cette dernière va pouvoir travailler, autour de sa campagne de financement, sur des notions de marketing et de fidélisation très originales. Vous, client, pouvez devenir mon financeur, en échange de quoi je vous offrirai des conditions de vente particulières ; vous, fournisseur, pouvez devenir mon prêteur, en échange de quoi vous disposerez d'informations régulières sur l'actualité et la situation financière de l'entreprise et pourquoi pas là encore de conditions tarifaires avantageuses. Cette capacité qu'offre le crowdfunding de faire bouger les lignes et la sociologie des financeurs de l'entreprise est sans doute le sujet qui intrigue et interpelle le plus les entrepreneurs. Elle ouvre incontestablement la voie à une entreprise plus ouverte et collaborative avec son environnement.

Certains sites comme Wiseed ou Anaxago dans le monde de l'*equity* ou encore Babyloan dans le monde du prêt solidaire se sont essayés avec succès à l'ouverture de leur capital auprès de leurs clients. Rien n'empêche une entreprise de procéder de la sorte pour un financement en dette commerciale.

Un large éventail de financements

Les banques sont parfois rétives à certaines typologies de financement, par exemple concernant le BFR de l'entreprise. L'un des avantages du crowdfunding du prêt commercial est qu'il peut répondre de façon presque illimitée aux besoins de financement : court ou moyen terme pour le BFR, moyen ou long terme pour un investissement ou un projet, développement de l'entreprise, etc. Il n'est pas de sujet tabou pour le crowdfunding de prêt, ce qui peut le rendre très attractif dans certains cas.

Chapitre 5

LE MONDE DE L'*EQUITY*

À savoir

— Pourquoi ? Financer des projets de développement et d'investissement par renforcement des fonds propres de l'entreprise ou de promotion immobilière.
— Comment ? En ouvrant le capital de sa société à la foule.
— Pour quels montants ? De 0 à 1 000 000 euros (au-delà pour les sites PSI[1]), non plafonné en termes de montant unitaire investi par l'épargnant. Montant moyen : 375 000 euros.
— Nature de la collecte : majoritairement l'épargne des membres investisseurs du site ; en autocollecte à la marge.
— Pour quel coût ? Entre 5 et 10 % des sommes levées, plus les frais annexes forfaitaires.
— En combien de temps ? De trois à huit mois selon les cas.
— Avec qui ? Anaxago, Wiseed, FinanceUtile, SmartAngels, etc.

Entrons à présent dans le monde du crowdequity, c'est-à-dire du crowdfunding de fonds propres ou d'investissement. C'est sans doute, avec celui du prêt, l'un des plus pertinents dans la stratégie de financement de l'entreprise. Il répond notamment au problème endémique de sous-capitalisation des entreprises françaises. Par ailleurs, il ouvre au grand public la possibilité de devenir un « actionnaire citoyen », privilège jadis un peu réservé aux férus de la Bourse, aux *business angels* ainsi qu'aux grandes fortunes.

De quoi s'agit-il ? Tout simplement de permettre à un internaute de devenir actionnaire d'une entreprise en quelques clics. C'est une véritable révolution qui ouvre de nouvelles voies aux entreprises. Dès lors qu'elles en maîtriseront la pratique, celles-ci seront surprises par les potentialités offertes par ces nouveaux outils de financement. Le financement en fonds propres de l'entreprise par le grand public était particulièrement fermé et réglementé en France jusqu'à l'été 2014. Les lois sur le crowdfunding ont libéralisé et assoupli très fortement la possibilité pour les entreprises de

1 Prestataire de services d'investissement. Les textes prévoient que les PSI puissent aussi proposer des offres de titres financiers au moyen de sites Internet, en respectant les conditions applicables aux CIP.

se financer auprès de la foule. C'est en soi une très bonne nouvelle pour le financement du tissu entrepreneurial français.

Comme pour les autres outils de crowdfunding, le crowdequity recèle des vertus bien plus larges que le seul financement de l'entreprise. Il permet à l'entreprise non seulement d'élargir les champs de ses financeurs, y compris au sein de son écosystème proche, mais aussi de travailler sur son image et sa transparence. Il aide enfin à s'extraire du monde très particulier et très contraignant des financeurs en fonds propres de l'entreprise. Il apporte en cela une valeur ajoutée très importante que le chef d'entreprise gagnera toujours à connaître, qu'il décide ou pas de recourir à cet outil.

Le financement participatif de fonds propres en France est représenté par une trentaine de plateformes. Wiseed fut le premier. Plus de 50 millions d'euros ont ainsi été levés en cumul, dont 25 millions rien qu'en 2014. Contrairement aux idées parfois reçues, les start-up de la technologie ne sont pas les seules à se financer sur ces sites. En 2014 par exemple, la répartition des secteurs d'activité était la suivante :

> commerce et services (43 %) ;

> santé et environnement (26 %) ;

> technologie (25 %) ;

> immobilier (6 %).

Le montant moyen de collecte était de 376 000 euros et le taux de réussite des collectes tournait autour de 50 %. Côté investisseur, le montant unitaire moyen investi s'élevait à 4 500 euros, à peine plus que les sommes unitaires investies par les *business angels* dans notre pays.

Comment ça marche ?

La mécanique est somme toute assez simple. Elle consiste pour une entreprise à se faire agréer par un site de crowdequity avec lequel elle va déterminer le montant qu'elle souhaite lever auprès de la communauté des investisseurs proposés par la plateforme et *via* la mobilisation de l'écosystème et des proches de l'entreprise et du chef d'entreprise.

Les outils de crowdequity relèvent eux aussi plus de l'univers des sites de crowdfunding d'épargne que de ceux d'autocollecte. En effet, les sites de crowdequity revendiquent une fraction de 70 à 80 % des investisseurs issus de la communauté des épargnants qu'ils ont su recruter plutôt que des investisseurs mobilisés par l'entrepreneur lui-même. Cependant, cette fraction d'épargnants investisseurs trouvés par le site par rapport aux investisseurs identifiés par l'entreprise elle-même doit être nuancée en fonction de la qualité et du type de dossier. De très belles start-up à très fort potentiel de rentabilité attireront plus facilement les investisseurs du site qu'un dossier plus lent et lourd en termes de montée en puissance comme de rentabilité. La moyenne présentée par les sites n'est donc pas ici un critère systématique et totalement duplicable à chaque dossier. De plus, elle doit être relativisée par rapport au faible nombre de dossiers historiquement et techniquement traités par ces sites et donc considérée avec une grande prudence.

La collecte sur un site d'*equity* se décompose, comme pour les autres outils de la finance participative, en plusieurs étapes distinctes qui demandent, ici plus qu'ailleurs, un grand degré de préparation et d'attention :

> l'élaboration du dossier ;

> l'agrément par le site ;

> la construction de pages de campagne ;

> l'animation de la campagne et sa clôture.

La réflexion autour d'une levée en fonds propres en crowdfunding

Recourir au grand public dans le cadre d'une augmentation de capital visant à renforcer les fonds propres de l'entreprise n'est bien évidemment pas neutre. Ce n'est pas sans conséquence sur le mode de gestion de la communication de l'entreprise. Prendre une telle décision, c'est décider d'ouvrir son capital à de petits actionnaires. Ce faisant, c'est un peu perdre la maîtrise d'une partie de ce capital. Bien évidemment, l'entreprise est toujours maîtresse de la fraction de capital qu'elle souhaitera ouvrir ainsi au grand public. Cependant, faire entrer des petits porteurs ou une multitude de petits actionnaires au capital de la société oblige celui qui s'y décide à animer par la suite cette communauté. Il lui faudra l'informer sur la vie de l'entreprise, ses évolutions, les bonnes nouvelles comme les déboires. Il en va de sa notoriété et de l'image de transparence qu'il lui faudra désormais montrer aux actionnaires. Dans l'hypothèse où l'entreprise dispose déjà d'une pluralité d'actionnaires, seule la gestion de leur nombre change. Dans le cas contraire, l'entrepreneur devra apprendre à vivre en toute transparence avec ceux qui ont accepté de lui faire confiance et d'investir chez lui.

Par ailleurs, la gestion d'une communauté d'actionnaires engendre des contraintes de secrétariat juridique et administratif que l'entrepreneur ne doit pas négliger. La tenue des assemblées générales ordinaires et extraordinaires, par exemple, nécessite la présence d'une multitude d'interlocuteurs et s'inscrit dans le cadre d'une réglementation, en fonction du statut de l'entreprise, particulièrement contraignante.

L'ouverture du capital au grand public pose aussi la question de la liquidité des titres de l'entreprise. Le crowdfunding de fonds propres consiste à faire entrer des investisseurs au capital de l'entreprise qu'il faudra bien un jour faire sortir. Ils s'intéressent à l'entreprise dans un esprit d'investisseurs en *equity*, qui espèrent donc une revente (de préférence en plus-value) – ou la perception des revenus sous forme de dividendes – de leur titre à un horizon de temps déterminé, bien souvent autour de cinq ans. C'est sans doute là que réside la contrainte la plus importante de ce type de levée : il sera demandé à l'entreprise d'envisager, voire de s'engager à assurer la sortie de ses nouveaux petits actionnaires et ou de les rémunérer en cas de bénéfices.

La réflexion de l'entrepreneur sur le lancement d'une telle campagne repose, elle aussi et bien entendu, sur la capacité de celle-ci à lui apporter les montants de fonds propres dont il a besoin. Si la nouvelle réglementation française permet de lever sur ce type d'outils jusqu'à un million d'euros, les sommes moyennes levées sur ces sites tournent plutôt autour de 375 000 euros de nos jours. Cet outil s'adresse donc sans doute plutôt aux PME et aux start-up qu'aux grosses entreprises à capitalisation plus forte. Ces dernières s'adresseront encore dans la majorité des cas aux acteurs plus institutionnels que sont les fonds d'investissement, dont les capacités d'investissement unitaire sont largement plus importantes.

Enfin, l'entreprise devra se poser la question du temps et donc du coût qu'implique le lancement d'une telle campagne de collecte de fonds. Parmi tous les outils du crowdfunding, une campagne de crowdequity est, sans conteste, la plus chronophage et complexe à mener. Elle nécessite pendant des mois de la part du chef d'entreprise beaucoup de temps et d'énergie qu'il ne consacrera pas à d'autres sujets, pourtant vitaux eux aussi pour le développement de sa structure.

La préparation du dossier et l'agrément par le site

Un peu à l'instar des sites de prêt commercial, le taux moyen d'acceptation des dossiers sur les sites de crowdequity tourne autour de 2 %. Ce qui est très faible et octroie peu de place aux candidats. Ce filtrage particulièrement fort tient au fait, comme pour le prêt commercial, que les sites d'*equity*, qui appartiennent au monde du crowdfunding d'épargne, doivent à tout prix convaincre la communauté des investisseurs épargnants de la qualité des projets qu'ils leur soumettent à investissement. Accepter un trop fort taux de canards boiteux ou d'entreprises aux perspectives incertaines, c'est prendre le risque d'une détérioration rapide de leur image et d'une perte non moins rapide de leurs investisseurs, déçus du système ou partis à la concurrence. Il est aussi de leur responsabilité en tant que CIP de sélectionner les dossiers à recommander à leurs investisseurs.

Là encore, la loi française, qui a libéralisé le secteur, a créé une surconcurrence. Trente sites de crowdequity ont été agréés par les pouvoirs publics en moins de douze mois, contraignant toutes ces plateformes à sélectionner des dossiers de la façon la plus qualitative possible, au risque de perdre la partie au profit de leurs concurrents. Cette question n'a-t-elle pas été pensée par le législateur à l'époque de la rédaction du texte ? Les outils ainsi promus doivent-ils être réservés à une élite d'entreprises ou ouverts très largement à l'ensemble du tissu entrepreneurial français ?

À leur décharge, les sites de crowdequity comme de prêt commercial doivent aussi faire face à l'effet « Cetelem », c'est-à-dire la difficulté à filtrer en amont l'énorme quantité de dossiers qui leur proviennent après avoir été refusés par les acteurs traditionnels du financement. Dès lors que les acteurs du crédit à la consommation appliquent peu ou prou, et pour des questions de gestion du risque, les mêmes règles de filtrage de dossiers que les établissements bancaires, le taux de refus s'en trouve sensiblement et proportionnellement augmenté. Comme toujours, tout est question d'équilibre.

La constitution de pages de campagne sur le site

Les sites de crowdequity sont exigeants en termes d'informations et de contenus à remplir par le porteur de projet pour plusieurs raisons. Tout d'abord des questions réglementaires : les lois et ses décrets d'application précisent le type d'informations dont la communication est obligatoire pour l'investisseur potentiel. Dans le même esprit, cette lourde information permet à celui qui peut investir de lourdes sommes au capital de l'entreprise de le faire en toute connaissance de cause et notamment en ayant une vision assez claire du risque qu'il prend (perdre l'intégralité de son investissement en cas de défaillance de l'entreprise).

Les rubriques à remplir pour présenter le projet sur le site sont assez fastidieuses dans la phase de préparation. Les sites de crowdequity sont régis principalement par le statut de CIP comme certains sites de crowdlending, mais peuvent dépendre de la législation PSI (voir le « Zoom expert » consacré au CIP). Il est donc de leur devoir de conseiller leurs investisseurs sur les sociétés qu'ils leur proposent à l'investissement. Cela suppose de rédiger une note d'opération, consécutive à un audit de leur part, où l'entreprise est présentée en détail (résultats, perspectives, risques, etc.).

Puis le site demande à l'entreprise de fournir tous les documents pouvant étayer la connaissance de l'investisseur potentiel sur cette dernière (dossier de présentation investisseurs, business plan, références, présence médiatique, etc.). Il doit enfin mettre en ligne de nombreux documents officiels afin que l'investisseur analyse la gouvernance et la structure juridique de l'entreprise (statut, bilan, compte de résultat, annexes, etc.).

Ce travail de préparation étant plus important que pour tout autre outil du crowdfunding, l'entrepreneur doit prévoir dans son rétroplanning le temps nécessaire à cette préparation. Selon les sites et les dossiers, cela peut prendre entre un et trois mois.

Nous noterons ici l'apparition de certains sites tels que SparkUp, qui n'analysent même plus le dossier, mais proposent un outil marketing aux entrepreneurs pour solliciter auprès de leur réseau de la *love money*. Il convient de se montrer prudent face à ces approches en autocollecte professionnalisée, tant elles semblent ne pas correspondre aux exigences de la loi sur le CIP.

La mise en ligne ou le passage par une sélection de la communauté

Une fois le dossier réalisé, la mise en ligne et le lancement de la campagne peuvent parfois commencer... Certains sites, comme Wiseed ou Anaxago, imposent parfois au candidat à la levée une présélection par sa communauté. L'idée étant que la masse a toujours raison et qu'avant de lancer la campagne officielle, la communauté des investisseurs du site est consultée afin de voir si elle approuve ou pas le dossier. Cette sorte de second filtre permet au site de valider le dossier auprès de sa communauté et d'une certaine manière de se rassurer quant à la présélection réalisée en amont. Cette éventuelle étape se formalise par une période déterminée pendant laquelle la communauté du site est invitée à voter sur le projet... Une vraie finance démocratique en quelque sorte. D'autres sites excluent cette étape de validation par la communauté et lancent la collecte dès lors que l'entreprise, auditée, a été agréée par leurs soins.

3 QUESTIONS À...

François Carbone, associé Anaxago

Quel est le potentiel de financement des entreprises françaises par les sites de crowdfunding d'equity ?

Nous pouvons assimiler le crowdfunding à une sorte de mini-Bourse, même si la philosophie est très différente. Les entreprises font une augmentation de capital et des actionnaires y participent. Avant l'émergence du crowdfunding, des particuliers s'impliquaient déjà pour financer de jeunes entreprises, mais en réseau associatif : ce sont les business angels, *pour 40 à 50 millions d'euros par an. Il y avait aussi les fonds de* private equity *investissant dans le capital innovation, soit environ 600 millions d'euros annuels. Enfin, nous avions les fonds fiscaux (FIP, FCPI) avec environ 500 millions d'euros par an. Puis le crowdfunding est arrivé, porteur de valeurs nouvelles : transparence, choix des particuliers, responsabilité de son argent et de ses placements, désintermédiation. Le crowdfunding devrait pouvoir surpasser en montant les solutions préexistantes. Cependant il faut beaucoup de temps pour évangéliser ! À cinq ans, le crowdfunding devrait permettre de lever quelques centaines de millions d'euros, mais 1 à 2 milliards d'ici à 2030-2035. Ce nouveau segment croît extrêmement vite, les particuliers étant nombreux à l'adopter. Les jeunes actifs et même les 45-50 ans se sentent concernés. Ces derniers ont vu arriver les produits financiers, les bulles et les crises, et aspirent à mieux connaître la nature de leurs investissements. Ils sont en quête de transparence et de plus de sens. Avec le crowdfunding, nous proposons un moyen plus grand public d'investir, nous démocratisons l'investissement dans l'économie française. L'essentiel reste cependant de financer les meilleurs projets.*

Votre plateforme ne sélectionne que des start-up en herbe. Pourquoi ?

C'est vrai qu'Anaxago choisit des entreprises jeunes, à caractère innovant et avec un fort potentiel de croissance. Comme c'est un segment relativement risqué, les investisseurs doivent faire attention à se diversifier. Pour que nous enregistrions de la performance, il faut viser des entreprises souhaitant grossir, c'est-à-dire proposant une offre différente ou meilleure, souvent à travers une innovation technologique ou d'usage. Quand nous entrons au capital d'une entreprise, nous souhaitons en ressortir un jour. Or dans le crowdfunding, il se peut qu'il n'y ait personne en face pendant un certain temps. Le cycle d'investissement est de quatre à sept ans. Par conséquent, pour pouvoir se donner une chance de sortir du capital, l'entreprise doit être ambitieuse et croître rapidement. Nous visons donc pour le moment les meilleures start-up en herbe.

Les financements que vous accordez aux entreprises sont-ils complémentaires de ceux des acteurs classiques du financement en fonds propres des entreprises ? Comment jugent-ils votre arrivée ?

Nos financements sont évidemment complémentaires. Les banques apprécient l'arrivée de fonds propres grâce au crowdfunding et les fonds d'investissement de faire certains investissements à plusieurs. Quant aux business angels, *comme nous intervenons après eux sur de nombreux dossiers, ils nous voient d'un œil très positif. Il est en effet plus intéressant de travailler de concert pour détecter de belles entreprises à proposer aux investisseurs. De plus, un seul financement souvent ne suffit pas. Être plusieurs permet de réinvestir et d'avoir une capacité d'investissement plus forte !*

Amorçage de la mise en ligne

Il est tentant de penser qu'une fois le travail de préparation et de constitution du dossier réalisé, il ne restera plus qu'à attendre l'investisseur... Ce serait trop simple et ce pour plusieurs raisons. Tout d'abord, les sites raffolent des dossiers capables d'amorcer la collecte en amont de la campagne. En d'autres termes, pour activer celle-ci, il est chaudement recommandé au porteur de projet d'arriver le jour de la mise en ligne avec des investisseurs dont il est proche, qui, dès les premiers jours de la campagne, inscriront leurs intentions d'investissement (on suggère 10 à 30 % de la somme à lever). Cette demande impose en amont de la collecte de faire un travail d'autocollecte et de convaincre ses proches d'investir dans le projet de levée. Cette dotation d'amorçage s'ajoute aux autres tâches du chef d'entreprise dans la phase de préparation. Afficher très rapidement un montant significatif d'investissements dans la campagne, exactement comme pour celles de don récompense, crée une dynamique auprès des autres investisseurs membres du site. La campagne n'en est pas terminée pour autant... Il s'agit à présent de l'animer.

L'animation de la campagne

L'animation de la campagne de crowdequity nourrit deux objectifs : la collecte par l'épargne et par l'autocollecte.

Il s'agit d'abord de faire connaître le dossier auprès de la communauté des investisseurs du site. Cela passe par l'affichage du projet sur la page d'accueil du site ainsi que par la référence du lancement de la campagne dans les supports d'information envoyés aux investisseurs (message ciblé, newsletter, etc.). Ce travail est essentiel et la négociation de départ avec le site doit impérativement porter sur la visibilité que ce dernier s'engage à donner au dossier auprès de sa communauté. Cette question peut notamment se poser s'agissant des sites de crowdequity les plus importants, en pleine croissance, qui souhaitent référencer un maximum de projets. La place disponible dans leurs supports de communication peut s'en trouver réduite du fait d'une possible forme de concurrence entre les dossiers.

Outre l'information transmise aux membres du site, l'entrepreneur va poursuivre son travail d'autocollecte afin de multiplier ses chances de réussite. Pour cela, il va mobiliser ses proches, ses réseaux et ses communautés autour de sa levée de fonds. Ce travail est totalement individuel (réunions d'information, e-mails, appels téléphoniques, etc.). C'est une étape essentielle, notamment si la communauté des investisseurs du site ne réagit pas beaucoup au dossier, ce qui peut arriver...

Pendant les premiers jours de la campagne et au-delà des marques d'intérêt manifestées par les investisseurs potentiels du site, un curieux ne devient pas actionnaire pour autant. Il faut éveiller son intérêt et le « travailler » pour en faire une intention d'investir. Pour cela, l'entrepreneur, seul ou avec les équipes du site, doit relancer systématiquement ceux qui s'intéressent au dossier, les remercier de leur intérêt, leur téléphoner, etc. Les sites de crowdequity affichent souvent un taux de transformation finale de 40 à 50 % des investisseurs ayant montré de l'intérêt pour un dossier à un moment ou un autre de la campagne. Plus l'interaction avec le chef d'entreprise est forte, plus ce taux de transformation est élevé.

EN PRATIQUE

Ouvrir le capital de l'entreprise à ses clients

En 2013, Babyloan a été le premier site de crowdfunding à avoir utilisé une autre plateforme (Anaxago) pour ouvrir son capital au grand public et à sa communauté. Craignant qu'un dossier d'entrepreneuriat social n'intéresse peu les investisseurs de la communauté du site, très orientés sur les start-up technologiques, l'entreprise a fait contacter par son fondateur et par téléphone l'ensemble des personnes ayant montré de l'intérêt pour le dossier. Soit plus de deux cent cinquante appels à passer pour un taux de transformation final de... 80 %.

Les outils pour convaincre des personnes intéressées sont multiples : outre le téléphone, l'utilisation intensive des outils de tchat proposés par ces sites est recommandée. De même, la visioconférence en ligne, parfois proposée, est également très utilisée (là encore, il faut négocier pendant la phase de préparation avec le site le nombre de séances sur toute la durée de la campagne). Interactif et émettant l'information de plusieurs, voire de dizaines d'investisseurs en même temps, cet outil offre un gain de temps précieux. Enfin, les rencontres physiques, qu'elles soient proposées par le site ou à organiser soi-même, sont de vrais moments d'échanges avec les investisseurs. Il s'agit sans conteste de l'un des moments de passage à l'acte, de collecte, les plus efficaces.

Le travail d'animation d'une campagne de crowdequity n'est donc pas neutre en termes de temps et d'énergie dépensés par l'entrepreneur. Cependant, le succès passe par cet investissement du chef d'entreprise : c'est une étape incontournable de ce type de campagne.

La clôture de la collecte, un élément de la gestion du temps

La phase de clôture d'une campagne de crowdequity est particulièrement importante et essentiellement gérée par le site lui-même. Cependant, et à la différence des sites de don récompense et de prêt, la clôture de la collecte n'est pas synonyme de libération des fonds dans les jours qui suivent. En effet, l'on est ici en présence d'une augmentation de capital qui implique un lourd processus de formalisation juridique (approbation des investisseurs confirmés en assemblée générale extraordinaire, signature des bulletins de souscription et le cas échéant du pacte d'actionnaires par les investisseurs, versement des fonds sur un compte bloqué, augmentation de capital en attendant le rassemblement de tous les versements, rédaction de l'attestation de réception des fonds par la banque, constatation juridique de la clôture de l'opération, etc.). Autant d'étapes de la procédure juridique qui peuvent prendre du temps, parfois de nombreuses semaines. C'est une question à poser aux sites concernés qui, en fonction de l'importance de la prise en charge de ces démarches, peuvent y répondre avec la plus grande précision. Le travail de secrétariat juridique se fait, en général, par concertation entre les techniciens du site et le ou les juristes de l'entreprise, qui en connaissent parfaitement la gouvernance et les statuts.

Combien ça coûte ?

Les sites de crowdequity facturent leur prestation au porteur de projet. La lecture de ces frais dans ce métier n'est pas toujours limpide, tant les sources peuvent être multiples.

Les frais directs relatifs à la collecte

Le site facture, suivant des modèles différents, les prestations qu'il propose. Ces frais sont généralement supportés par les investisseurs autant que par l'entreprise. L'investisseur verse des émoluments relatifs à la souscription de l'investissement qui lui est proposé par la société alors que l'entreprise paie, elle, un *success fee* relatif à la levée de capitaux réalisée. Ces frais s'élèvent assez fréquemment autour de 5 % et peuvent occasionnellement être négociés selon l'ampleur de la levée, le nombre ou encore la provenance des investisseurs. C'est le cas lorsque le chef d'entreprise apporte la majorité des investisseurs qui ne sont pas issus de la communauté du site.

Dans tous les cas, ces frais restent assez élevés, ce qui s'explique par le coût de traitement d'une telle campagne et par la difficulté de ces sites à traiter simultanément un grand nombre de dossiers. De même, les frais engrangés par les collectes réussies permettent de couvrir ceux des collectes ratées, ce qui arrive malgré la sélection des dossiers réalisée en amont.

Les frais connexes et indirects

Outre ces frais des transactions, les sites n'hésitent pas à ajouter des frais connexes (valorisation de l'entreprise, référencement du dossier sur Internet, constitution du dossier, etc.) dont le montant, généralement forfaitaire et rapporté aux sommes levées, peut engendrer des taux de facturation assez significatifs (jusqu'à plusieurs milliers d'euros supplémentaires).

L'entrepreneur doit donc faire attention à l'empilement possible des frais qui, bien que souvent justifiés au regard de l'importance du travail réalisé par le site, peuvent s'avérer particulièrement élevés, voire parfois un peu abusifs. Une petite mise en concurrence des divers sites en amont du choix n'est pas forcément inopportune à ce sujet, mais ce n'est pas nécessairement le critère le plus déterminant ici. L'*equity* est un outil de crowdfunding d'épargne et la qualité et l'ampleur de la communauté d'investisseurs du site sont sans aucun doute bien plus importantes que le montant des frais.

En plus des frais facturés par le site, d'autres coûts incombant au porteur de projets peuvent alourdir la facture :

- la réalisation d'une vidéo de présentation ;
- l'enregistrement légal de l'opération ;
- l'éventuelle évaluation externe de l'entreprise si elle n'est pas proposée par le site ;
- la rédaction des actes juridiques par les conseils de l'entreprise et du site, etc.

La gestion d'une foule d'actionnaires

Recourir au crowdfunding de fonds propres, c'est accepter l'augmentation sensible du nombre de ses actionnaires. En soi, cette décision peut effrayer l'entrepreneur, parfois confortablement installé dans la gestion d'une entreprise personnelle ou familiale. Ce sujet important doit être mûrement réfléchi en amont du lancement d'une telle opération, avec toutes les questions qui s'y attachent :

- suis-je prêt à vivre avec plusieurs dizaines d'actionnaires ?
- suis-je capable de leur consacrer le temps nécessaire auquel ils ont droit ?

> comment gérer l'entreprise, la décision de gestion et le reporting d'information avec autant de personnes au capital de la société ?

La maîtrise du capital

En théorie, l'entrepreneur reste maître de la majorité de son capital. Il ouvre ce dernier à la foule sur la base d'une valorisation de l'entreprise qu'il fait faire en amont et reste libre de choisir la fraction souhaitée. Il doit simplement parvenir à trouver le bon équilibre entre valorisation et dilution de son capital : plus l'entreprise a une valorisation élevée, moins l'entrepreneur doit concéder de fraction de capital pour soulever les sommes souhaitées, mais plus il a de difficultés à convaincre les investisseurs potentiels. Tout est là encore question d'équilibre. Dans tous les cas, l'entrepreneur reste libre de ses décisions.

Le nombre d'actionnaires est un peu plus délicat. Qui dit multitude d'actionnaires dit pluralité des regards sur l'évolution de l'entreprise et acceptation de la contrainte d'une information minimum de cette communauté sur l'évolution future de l'entreprise. Rien n'est obligatoire en la matière. Combien d'entreprises ont procédé à des « *one shot* », levant des capitaux significatifs pour oublier l'existence de leurs investisseurs le lendemain de la levée ? Ce comportement, au-delà du fait qu'il ne semble pas empreint du minimum de reconnaissance et de transparence, peut avoir des répercussions sur le futur de l'entreprise. Un actionnaire délaissé ne s'y laissera pas reprendre et risque de ne plus participer si on le sollicite à nouveau. Pire, certains actionnaires délaissés peuvent se laisser tenter par une envie de sortir du capital et exercer au bout d'un certain temps une forte pression, y compris parfois sur le plan juridique, pour forcer l'entrepreneur à racheter leurs actions. C'est un grand classique dont le risque est démultiplié quand les actionnaires sont nombreux et éloignés de l'entrepreneur.

Une information essentielle

On peut informer une importante communauté d'actionnaires de diverses manières et chaque entrepreneur conçoit sa relation à la communauté comme il l'entend. Néanmoins, il n'est pas inutile de recommander ou de suggérer quelques règles incontournables du suivi des communautés après la collecte. Par exemple, l'envoi d'une newsletter aux actionnaires est toujours bien perçu, qu'elle soit trimestrielle ou semestrielle ; elle sera considérée comme un rendez-vous un peu obligatoire avec l'entreprise et générera réactions, interactions et remerciements. L'organisation d'une ou de deux réunions physiques annuelles réservées aux actionnaires permet également de faire vivre cette communauté (visite de l'entreprise, portes ouvertes, dîner d'information, etc.). Tout est possible, et même si seuls 15 ou 20 % des actionnaires assistent à l'événement, ils sont grandement appréciés. C'est aussi un gage de transparence et de probité ainsi qu'une image de marque que l'entrepreneur adresse à ses actionnaires à chaque fois qu'il communique avec eux, même s'il s'agit de leur donner de mauvaises nouvelles.

Enfin, les rendez-vous juridiques obligatoires ne doivent pas être négligés. Il faut d'autant mieux préparer les assemblées générales extraordinaires et ordinaires qu'elles concernent un grand nombre d'actionnaires. Ces derniers doivent donc être prévenus suffisamment à l'avance, bien informés, etc.

Gérer la multitude dans la gouvernance juridique

Comment interagir avec un grand nombre d'actionnaires ? Dans les assemblées générales, ils sont tous convoqués et disposent d'un droit de vote proportionnel à leur participation dans le capital. Qu'en est-il au sein de l'organe de décision de l'entreprise, le conseil d'administration ? Il n'est pas question d'inviter tous les actionnaires dans cette instance de décision et de pilotage de l'entreprise ; néanmoins, exclure la communauté des petits porteurs n'est pas forcément plus juste. L'entrepreneur peut gérer cette question de différentes manières. Il lui est d'abord possible de désigner un ou plusieurs de ces petits actionnaires. Cela ne donne pas pour autant un statut juridique de représentation des petits porteurs à la personne désignée. Un autre moyen consiste à placer une holding intercalaire entre la communauté des actionnaires et l'entreprise. Dans ce cas, le capital est proportionnellement ouvert à une holding dont les petits porteurs sont actionnaires. Wiseed a été le premier en France à appliquer cette méthode avant que d'autres suivent et que les lois assouplissent le régime des holdings associées à ce type d'opération.

Ce faisant, il est possible d'organiser juridiquement une représentation des petits porteurs auprès de l'entreprise. Pour cela, la holding désigne un président ou une représentation juridique en charge de la représenter dans la gouvernance de l'entreprise.

Une concurrence pour les *business angels* ?

Les *business angels* se développent de plus en plus en France. Ils disposent d'une véritable capacité à investir dans l'amorçage et à faire émerger des start-up sur le territoire. On en dénombre quatre mille cinq cents dans l'Hexagone. Qui sont-ils ? Des investisseurs privés un peu fortunés qui souhaitent investir une partie de leurs actifs dans le capital d'entreprises dont le potentiel de valorisation leur semble significatif. Il peut s'agir d'anciennes « stars » de l'entrepreneuriat, de « *serial* entrepreneurs » devenus « *serial* investisseurs », ou de simples épargnants souhaitant donner un peu de sens à leur épargne. Dans tous les cas, les *business angels* ont une seconde qualité en plus de leur épargne : ils accompagnent en général activement l'entreprise dans laquelle ils investissent. Ils échangent avec le chef d'entreprise, le « challengent » dans sa stratégie, tentent d'influer, le cas échéant, sur cette dernière s'ils ne l'estiment pas conforme à ce qu'elle devrait être, etc. Les *business angels* sont des investisseurs actifs.

L'investisseur en crowdequity est-il un *business angel* « numérisé » ou vient-il d'une autre planète d'investisseurs ? Au tout début, les *business angels* ont réagi très négativement à l'apparition du crowdequity, se sentant peut-être menacés par une concurrence inattendue. Cette réaction peut sembler désormais, et avec un peu de recul, assez étonnante. En effet, le comportement des investisseurs en *equity* sur les sites de crowdfunding est généralement assez différent de celui des *business angels*. Les premiers ayant accès au capital de l'entreprise pour de très faibles montants unitaires (100 euros chez Wiseed par exemple), une grande partie d'entre eux souhaite s'initier et s'amuser à investir de petits tickets dans des start-up plutôt que de revêtir les habits de quasi-professionnels de l'investissement, ce que sont d'une certaine manière les seconds. Ces petits investisseurs, que nous appellerons « micro*business angels* » (MBA), préfèrent souvent se constituer un petit portefeuille de lignes en *private equity* plutôt qu'interagir activement avec une entreprise. Ils forment ainsi une nouvelle catégorie d'investisseurs très certainement complémentaire de celle des *business angels*.

3 QUESTIONS À...

Stéphanie Savel, présidente de Wiseed

Quelle est votre vision du marché ?

Le développement du crowdfunding en France découle de deux évolutions sociétales fortes. D'une part, l'émergence de l'économie collaborative a entraîné l'implication des citoyens dans des modes de production et de financement ; d'autre part, ces derniers recherchent plus de proximité, de transparence et de traçabilité. Une réaction politique très positive s'est ensuite traduite par une réglementation spécifique, encadrant les métiers du prêt et de l'investissement. Elle a crédibilisé le métier par rapport aux autres acteurs du financement, installant notre expertise et notre savoir-faire. Nous sommes devenus un acteur qui compte pour les projets en recherche de fonds, un apporteur de vrais compléments de financement. La législation a aussi une autre vertu : la création de devoirs et de responsabilités pour les plateformes dans les procédures, la communication, le marketing, etc. Aujourd'hui, une plateforme ne se lance pas juste comme ça !

Quid de l'investissement en capital ?

Là aussi, l'évolution a été rapide. La réglementation a contribué à considérer le crowdfunding en equity comme un acteur crédible et professionnel par rapport aux autres. Les montants collectés au total et par projet donnent une vraie place au crowdfunding dans la chaîne de financement, à l'instar des business angels. Avant, tout était très cadré : le porteur de projet sollicitait les subventions publiques, puis du love money, des business angels, suivis de fonds de capital-risque en amorçage, et enfin des fonds de développement. Désormais, tous ces acteurs peuvent intervenir simultanément. Le crowdfunding aussi. Cela entraîne des effets positifs, notamment pour les porteurs de projet à la recherche de fonds et d'acteurs avec une valeur ajoutée. Cela donne en outre ses lettres de noblesse au crowdfunding et renforce l'approche politique : les acteurs financiers sont contraints de travailler sur l'alignement des intérêts de tous pour les préserver. Pour cela, une évolution de la réglementation sur le crowdfunding s'impose. La technologie permet de démocratiser l'investissement des particuliers en incluant des personnes qui mettent des tickets peu importants : chez Wiseed, nous leur proposons d'investir dès 100 €. Tous ces investisseurs sont regroupés dans une holding. Cela facilite la gestion de la relation actionnariale pour les porteurs de projet et permet aux autres acteurs du financement d'investir à nos côtés. Le public des business angels s'en trouve élargi. Le crowdfunding professionnalise vraiment les process. Chaque plateforme a un modèle commercial et des salariés qui travaillent à 100 % de leur temps sur les projets.

Quels types de dossiers finance votre plateforme ?

Le crowdfunding ne finance pas que des projets grand public B to C. Chez Wiseed, 65 % de nos projets sont technologiques, d'innovation de rupture, dans des domaines sociétaux et environnementaux. Nous conseillons à nos porteurs de projet de bien réfléchir à la géographie du capital souhaité et à leur stratégie globale de levée de fonds ; et au-delà de l'argent, aux autres apports à solliciter. Il peut d'agir de mise en réseau, de visibilité, d'apport d'expertises, etc. Tout ceci démultiplie les forces. Les porteurs de projet doivent aussi être prêts à assurer la communication et l'animation d'une communauté de particuliers. Il leur faut acquérir de nouvelles compétences dans un processus de recherche de fonds, notamment savoir vulgariser une innovation technologique pour faire adhérer.

Les différents outils de la finance participative

BESOIN DE FINANCEMENT	INNOVATION SOCIALE OU TECHNO	ÉTUDE DE MARCHÉ	AMORÇAGE	BFR (COURT TERME)	INVESTISSEMENT/ DÉVELOPPEMENT	CROISSANCE EXTERNE (FONDS PROPRES)
OUTIL						
DON	×		×			
DON RÉCOMPENSE	×	×	×	×	×	
PRÊT SOLIDAIRE			×	×	×	
PRÊT AFFINITAIRE			×	×	×	
PRÊT				×	×	
EQUITY			×		×	×
CAPITAL INVESTISSEMENT					×	×

Chapitre 6

LES DIFFÉRENTS MÉTIERS DU CROWDFUNDING

Les métiers du crowdfunding sont si récents dans leur application actuelle que tous les jours naissent de nouvelles initiatives telles que des sites communautaires ou des sites de niches spécifiques.

On a coutume de présenter les différents sites de crowdfunding comme des outils, des métiers spécifiques : les sites ou plateformes de don, de prêt ou d'*equity*. C'est à l'entrepreneur d'analyser son besoin pour choisir le type de « métier » et donc de site qui lui conviendra le mieux. Il s'agit là d'un travail complexe non dénué de risques si l'on songe à la technicité spécifique de chacun des outils du crowdfunding. Il est d'ailleurs étonnant, même si cela commence à changer, que le métier de conseil en campagne de crowdfunding ne se développe pas en France plus rapidement. Dans ce cas, quand l'entrepreneur a un besoin financier spécifique, il en confie le suivi à un conseiller, spécialisé en crowdfunding, moyennant une rémunération rapportée au temps passé ou aux montants levés.

C'est un peu dans cet esprit qu'apparaissent progressivement des sites dits mixtes que l'on pourrait aussi qualifier de « sites projets » plutôt que « métiers ». L'idée ? Proposer au porteur de projet, sur la même plateforme, différents types de financement afin qu'il y trouve la ou l'ensemble des réponses à diverses problématiques possibles de financement. Deux approches différentes existent en la matière. La première est celle de sociétés multimarques comme KissKissBankBank, qui proposent plusieurs sites, sous des marques différentes, visant à couvrir l'ensemble des métiers (KissKissBankBank pour le don récompense, Hello Merci et Lendopolis pour le prêt, etc.). La seconde préfère intégrer l'ensemble des métiers sous la même marque, comme le don récompense et le crowdequity chez Bulb in Town, ou le don récompense et le prêt affinitaire chez MyAnnona.

Ces approches sont toutes intéressantes en ce qu'elles visent à répondre à l'ensemble des besoins du chef d'entreprise autant qu'à déployer sa capacité à gagner de nouvelles parts de marché. Cela amène néanmoins à se poser la question suivante : le mélange des métiers est-il une bonne chose ? Vaut-il mieux financer l'ensemble de ses besoins auprès d'un seul site généraliste ou chacun de ses besoins auprès du meilleur site de chaque métier ?

Les financements de l'innovation

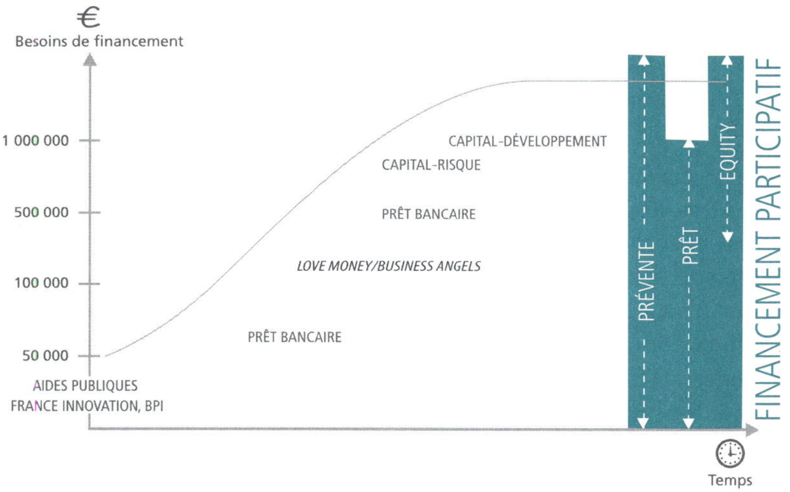

Les sites communautaires, spécialistes et souvent transverses

Les plateformes communautaires mêlent don, prêt, voire *equity* auprès d'une communauté spécifique. L'objectif est de rassembler des valeurs et des projets autour d'une cause. En apportant un accompagnement spécifique et en fédérant une communauté, ces plateformes permettent de financer et de faire rayonner des projets. Ce type de plateforme propose des outils de financement dédiés à l'ensemble de la communauté sensibilisée à un sujet thématique ou sectoriel particulier. Son ambition est de devenir acteur de la cause qu'il souhaite défendre. C'est le cas de MyAnnona pour l'entrepreneuriat féminin, de Lumo et d'Écobole pour le financement de projets d'énergies renouvelables et écologiques, d'Arizuka ou de Lendosphere pour le financement des entreprises et des associations relevant de l'économie sociale et solidaire (ESS), CredoFunding chez les catholiques, Sponsorise.me pour le sport, etc.

Dès lors qu'ils parviennent à percer sur leur marché, ces sites présentent un certain intérêt en ce qu'ils parviennent (ou pas) à fédérer une communauté de contributeurs très qualifiés et donc particulièrement réceptifs au financement des dossiers agréés. Là encore, les statistiques du site, si elles sont affichées, sont précieuses.

Le crowdfunding au service des promoteurs immobiliers

Le crowdfunding de financement de projet immobilier se développe depuis quelques années et rencontre un grand succès dans les pays anglo-saxons. Arrivé plus récemment en France, cet outil, qui appartient généralement au monde de l'*equity* ou du prêt, suivant la structuration du projet, permet à des promoteurs immobiliers de mutualiser la vente d'un programme immobilier. Nous avons comparé dans le chapitre 2 le don récompense à la vente en l'état futur d'achèvement, qui est la grande spécialité... des promoteurs immobiliers. Pourquoi la vente d'un immeuble à construire n'aurait-elle pas sa place au sein des outils de crowdfunding ? C'est le cas depuis 2014 en France.

À la fin 2014, et même si le chiffre reste encore modeste, un peu plus de 5 millions d'euros de projets immobiliers ont ainsi pu être financés dans l'Hexagone. Les efforts de marketing réalisés autour de ce nouveau segment du crowdfunding, autant que les précédents anglo-saxons, semblent dessiner les contours d'un sous-secteur à fort potentiel. Les niveaux de rentabilité proposés, autour de 8 %, y sont présentés, un peu comme pour le prêt commercial à des entreprises, comme une alternative à la faible rémunération des placements financiers traditionnels.

L'immobilier en *equity*

Dans ce cas de figure, la promotion immobilière est structurée sous forme d'une holding (une SCI) dont les investisseurs peuvent acheter des parts. Une fois le financement bouclé (parfois avec le levier d'un prêt bancaire complémentaire), la promotion réalisée et vendue, les actionnaires de la holding se distribuent les actifs financiers issus de la cession des lots vendus aux candidats à la propriété (format retenu par Anaxago Immobilier par exemple).

L'immobilier en dette

Ici, l'investisseur ne porte pas le risque en *equity*, mais souscrit des obligations émises par la holding de promotion. L'investisseur connaît au départ le potentiel de rentabilité de son placement, qui ne dépend pas des plus-values éventuelles réalisées sur la vente des lots, mais du taux d'intérêt et du remboursement du capital (formule retenue par la branche immobilière de Wiseed ou de Lumo par exemple).

Un outil innovant pour les investisseurs avertis

Si ces diversifications des métiers du crowdfunding sont intéressantes et apportent des solutions de financement alternatif aux promoteurs immobiliers, habitués à travailler dans la sphère des financements institutionnels pour amorcer leurs promotions, elles appellent cependant à une remarque, tant à l'adresse des souscripteurs que des promoteurs. Cette remarque est liée à la qualité des projets proposés dans ce type de montage. Il ne faudrait pas que les promotions proposées au financement par la foule ne soient en fait que celles dont les financeurs institutionnels des promoteurs, particulièrement avertis des risques de ce métier, ont refusé le financement.

L'expérience des SCPI (sociétés civiles de placement immobilier) ou des montages de défiscalisation immobilière dans les années 1990 a montré combien l'on découvrait souvent *a posteriori* la médiocre qualité de nombre de programmes. Par ailleurs, la démultiplication des strates de frais grevait souvent considérablement la rentabilité des programmes. Ces risques existent aussi dans le crowdfunding immobillier et exposent le souscripteur à une double surprise potentielle, dès lors qu'il investit dans un programme dans lequel l'investisseur n'a aucune certitude de pouvoir revendre son titre : le risque de non-remboursement intégral de son investissement et/ou celui d'une grande déception quant à la rentabilité du placement proposé.

Partant du principe que cette mécanique mérite l'intérêt qui lui est de plus en plus porté, le souscripteur doit se montrer très vigilant en termes de qualité du programme proposé, bien avant l'attractivité du placement présenté. C'est tout à fait essentiel : l'immobilier est un métier de spécialistes dont les secrets ne sont pas nécessairement aussi simples à percer que ceux d'autres types de placement. Sur des programmes de promotion assez courts, le souscripteur doit aussi s'assurer que les frais facturés par le site ne grèvent pas trop lourdement la rentabilité attendue du placement.

Une mauvaise évolution de ce segment de métier nuirait gravement à l'image du crowdfunding dans son ensemble.

Les autres métiers du « crowd »

Crowdsourcing

Le « crowd » est une grande famille et le « funding » n'en est pas le premier enfant. On connaît en effet depuis des années les vertus du crowdsourcing, qui consiste à mettre en ligne une problématique particulière dont la communauté des internautes, dans un gigantesque exercice d'intelligence collective, va trouver la solution. Cette méthode de recherche s'est développée aux origines dans le domaine universitaire avant d'atteindre aussi le secteur entrepreneurial. L'exemple de la NASA est connu : en 2013, la station spatiale internationale a proposé aux internautes de l'aider à travailler en ligne sur des idées d'amélioration des technologies d'exploration. Ces outils contribuent à trouver de nouveaux concepts, participent à la recherche industrielle et universitaire, aident à la recherche de débris en mer lors de crashs d'avion, etc.

Il est parfois plus intelligent, en termes de stratégie, de rendre publique une problématique technique afin de permettre à la communauté d'y répondre, plutôt que de perdre un temps précieux à rechercher une solution isolée, au risque que d'autres ne trouvent la réponse avant. Se pose ici la question de la protection des concepts et des brevets : dépôt de brevet et de marque, dépôt de concept par enveloppe Soleau, etc. La mise en ligne d'idées et de concepts ou de recherches à peaufiner impose de faire preuve d'une rigueur constante en la matière.

Crowdspeaking

Le peuple est bavard, c'est une énorme force. Le crowdspeaking consiste à mobiliser la foule afin qu'elle s'exprime sur un sujet ou un autre. Nous connaissons tous les sites de pétitions citoyennes comme Avaaz, Change.org ou encore mesopinions.com, dont c'est l'essence même : un message, une pétition diffusés massivement auprès de la foule d'internautes afin de collecter le plus grand nombre de signatures, de militants ou de partisans autour de la cause ou du plaidoyer ainsi rendu public. Certains de ces sites, dont les modèles économiques impressionnent, sont devenus des monstres de la mobilisation citoyenne et de véritables contre-pouvoirs parallèles aux mécaniques traditionnelles de la démocratie élective. Ils sont aussi de formidables cash-machines de location des fichiers d'adresses qualifiées qu'ils ont constitués au fil des ans...

Le crowdspeaking est aussi en train de devenir un outil au service de la stratégie d'entreprise. Il permet en effet de lancer des campagnes de tests et d'études marketing parfois très efficaces. Celles-ci consistent par exemple à mettre en ligne un nouveau concept en appelant les internautes à donner leur avis sur le sujet. Dès lors qu'il trouve son public, et donc ses clients potentiels, le concept peut se muer en projet, être financé, puis mis en production. Le crowdspeaking pour l'entreprise intervient en amont d'une éventuelle campagne de crowdfunding ; son objet n'est pas de lever les fonds nécessaires au lancement du produit, mais simplement de tester l'appétence du public pour un nouveau produit ou service.

Dès lors, le levier de telles campagnes de crowdspeaking relève plus du domaine de l'étude marketing que de l'univers du financement de projet. Lors du travail de préparation d'une telle campagne, il est essentiel de réfléchir notamment aux publics visés, au risque, en cas d'erreur, de mauvaise interprétation des résultats de l'enquête. Une campagne de crowdspeaking sur un collier détecteur de maladies félines connecté auprès de la communauté des amoureux de chiens risque de ne pas rencontrer un grand succès...

EN PRATIQUE

Le bavardage de la foule au service d'un lancement de produit

Un exemple devenu célèbre de campagne de crowdspeaking illustre parfaitement le recours à la foule pour une étude de marché : la campagne de test du projet de téléphone modulaire Phonebloks, lancée en 2013 par quelques ingénieurs prêts à bousculer le domaine de la conception des mobiles. Leur idée ? Un téléphone constitué de briques fonctionnelles (comme des Lego) apposées sur une base. Ce téléphone en blocs, totalement modulable en fonction des usages souhaités, est en outre durable, ses briques fonctionnelles étant individuellement remplaçables selon leur degré d'obsolescence. Forts de cette belle idée, ses créateurs ont lancé une campagne de crowdspeaking en mettant en ligne une vidéo de présentation sur des sites et autres blogs spécialisés dans les nouvelles technologies et la téléphonie. Le succès a été immédiat et la vidéo vue par plus de vingt et un million de personnes en quelques mois. Ce film appelait à la validation par le plus grand nombre afin de convaincre investisseurs et institutionnels de rejoindre le projet pour en permettre la mise en production. Le succès a été tel que c'est Google, *via* sa filiale Motorola, qui s'est emparé du sujet et a permis le lancement du produit Ara.

L'exemple de la célèbre campagne de crowdspeaking de Phonebloks montre à quel point l'expression collective de la communauté des internautes, notamment par des campagnes virales, permet d'envisager le lancement d'une nouvelle idée et la mobilisation autour d'elle de parties prenantes susceptibles de contribuer à ce lancement.

Crowdselling

Si le crowd permet le financement, la recherche ou le bavardage collectif, pourquoi ne permettrait-il pas la vente en réseau ? Si le crowdfunding est l'exact contraire du financement par un acteur unique, puisque réparti en une infinité de financeurs, il n'est pas impossible d'imaginer sa déclinaison en matière de vente. Plutôt que de concevoir la vente d'un produit selon une mécanique traditionnelle par un acteur unique de la distribution, charger la foule de sa diffusion commerciale n'a rien de fantaisiste. On connaît les mécanismes des ventes en réseau développées aux origines par Tupperware puis par bien d'autres entreprises, pour la lingerie ou les *sex toys*, entre autres. Ces techniques d'« autovente » ou de vente en réseau ont fait leurs preuves et ressemblent sensiblement à celles d'autocollecte du crowdfunding : la mobilisation d'une communauté de financeurs au profit d'un projet.

Le crowdselling consiste très simplement à concevoir un site d'e-commerce, à l'instar du site américain DNA, dont la finalité n'est pas de vendre directement à ses clients, mais de proposer à des « militants » du produit ou de la marque de télécharger leur propre mini-site d'e-commerce qu'ils vont diffuser en mode « autovente » à leur réseau de proches pour réaliser des ventes sur lesquelles ils seront rémunérés. Là encore, et comme pour le crowdfunding, on transfère la charge de la vente sur la communauté des internautes plus que sur ses propres forces de vente, démultipliant ainsi la puissance des ventes par la constitution d'un réseau de vendeurs connectés.

Dans ce schéma, tout le monde peut y gagner : le fabriquant/distributeur du produit, qui s'épargne d'exorbitantes campagnes de publicité ou d'acquisition clients ; l'« autovendeur », à qui la société va rétrocéder une partie du chiffre d'affaires réalisé ; et enfin les acheteurs, à qui l'on proposera un prix inférieur au prix catalogue grâce aux économies réalisées sur le coût des campagnes marketing du fabriquant ou du distributeur. Mieux, l'apparition de tels réseaux d'autovente numérisée répond au problème de l'importance du coût de fonctionnement des réseaux de vente physiques.

Même si elle n'est pas forcément adaptée à la vente de tout type de produit et service et qu'elle n'est encore que peu développée, cette technique numérique de désintermédiation de la vente recèle un potentiel tout à fait significatif, notamment pour les entreprises disposant d'un important site d'e-commerce *B to C*. On pense ici à la difficulté rencontrée par nombre de ces sites pour capter de nouveaux clients. Les courbes parlent d'elles-mêmes et tous ces sites sont confrontés à une équation redoutable : l'envolée de la courbe du coût d'acquisition clients pour une simple préservation du chiffre d'affaires. L'agression permanente, de plus en plus forte, que nous subissons au quotidien sur tout site Internet par la publicité de plus en plus intrusive, imposée, presque coercitive, illustre parfaitement cette insupportable tendance. Elle s'explique par l'hyperconcurrence du e-commerce sur la Toile. On compte désormais un milliard de sites Internet dans le monde, dont près de la moitié fait du commerce en ligne ou dispose d'applications commerciales...

Chapitre 7

PRÉPARER ET RÉUSSIR SA COLLECTE

Dans ce dernier chapitre, nous allons aborder des points très pratiques et concrets pour vous aider dans la préparation et l'animation de votre campagne de crowdfunding. Nous allons ainsi aborder les sujets suivants :

- la « crowdfundabilité » du porteur de projet ;
- les contraintes juridiques ;
- la préparation de la campagne ;
- le choix de la plateforme ;
- l'animation de la campagne ;
- comment capitaliser sur sa campagne ;
- la délégation de la campagne ;
- les limites et les pièges.

Une question existentielle : suis-je « crowdfundable » ?

Nous avons déjà en grande partie répondu à cette question dans les chapitres précédents. Rappelons cependant l'importance de s'interroger à ce sujet en amont de toute campagne. Tous les projets n'étant pas éligibles à une telle campagne, c'est en effet la première question à se poser ainsi qu'aux sites que l'on démarche. Penser que le crowdfunding est un Graal est une erreur. Il ne s'adresse en effet pas à tout type d'entreprise et de projet. On pense notamment à l'univers du prêt commercial où nombre d'entreprises qui ont du mal à lever les sommes qu'elles recherchent pourraient être tentées de trouver, en vain, la lumière.

Diverses raisons peuvent justifier un refus d'une campagne par un site : son thème, la solidité du projet et/ou de l'entreprise, l'insuffisance de la communauté du porteur de projet, le manque de sérieux estimé du projet, etc. Les filtres existent et peuvent être violents. Certains sites de prêt ou de crowdequity n'acceptent bien souvent que 2 ou 3 % des dossiers qui leur sont présentés, comme nous l'avons vu plus haut. En matière de don récompense, le taux d'acceptation des dossiers tourne autour de 30 %. C'est dire si la question est sensible, quel que soit le métier du crowdfunding, puisqu'au final, seule une minorité de projets est acceptée.

Les contraintes juridiques

Examinons à présent les outils disponibles en fonction du statut juridique du porteur de projet. L'éligibilité à une campagne peut varier selon le statut de l'entreprise.

– Les campagnes de don récompense : les plus simples de toutes, elles sont ouvertes à tout type de structure juridique, qu'elle soit associative, structurée sous forme de société, etc. Tous les statuts sont éligibles.

– Les campagnes de prêt commercial : dès lors qu'elle est enregistrée au registre de commerce et des sociétés, toute personne morale peut emprunter par ce biais. Les sites exigent en général un certain nombre d'exercices comptables audités pour agréer une entreprise. S'agissant d'une association, il convient de vérifier dans les statuts sa capacité à s'endetter.

Une personne physique ne peut emprunter sur un site de prêt commercial, sauf dans le cas du prêt d'union, qui n'est autre qu'un établissement de

Éligibilité en fonction de la structure juridique[1]

	Don	Prêt solidaire	Prêt	Investissement
Personne physique	x	x	x	
Auto-entrepreneur	x	x	x	
EIRL	x	x	x	x
SARL	x	x	x	x
EURL	x	x	x	x
SAS/SASU	x	x	x	x
SCOP	x	x	x	
Association	x	x		

1 Source : Bpifrance, site Tousnosprojets.fr.

prêt à la consommation. Le prêt solidaire est, lui, plus souple, puisqu'il peut être souscrit en crowdfunding par tout type de structure, y compris une personne physique en direct.

– Le crowdequity est réservé aux structures commerciales de type SAS et SA.

Préparer et réfléchir à sa campagne

Une campagne de crowdfunding ne s'improvise pas et il est bien souvent illusoire de penser que tout sera facile et forcément réussi. Elle doit être préparée et s'intégrer dans une stratégie globale de recherche de financement et de communication. Si elle est destinée au financement d'un projet, cela peut avoir de fortes retombées en termes de communication, d'étude marketing, etc. Une campagne de crowdfunding peut être un formidable moyen de se faire connaître, de faire parler de son entreprise, notamment dans le cadre de campagne d'autocollecte ou de test. Certaines campagnes ne sont d'ailleurs lancées que dans cette perspective. À l'inverse, l'échec d'une campagne peut avoir des répercussions négatives sur l'image de l'entreprise, une dimension des choses qui doit aussi être prise en considération. Dans tous les cas, cela souligne l'importance de la phase de préparation.

Préparer sa campagne, c'est se poser, en amont même de l'agrément par un site de crowdfunding, un certain nombre de questions. La véritable préparation du dossier et le lancement dans l'aventure découlent de la capacité du porteur de projet à répondre par l'affirmative à ces interrogations.

Préparer la communauté de contributeurs et de financeurs

Ici, se pose la question de la réussite de la part d'autocollecte d'une campagne : le lancement d'une campagne ne se décrète pas. Cependant, dès lors que son lancement est décidé, il convient de définir l'étendue de la ou des communautés que l'on va cibler. Une fois ces écosystèmes définis, il peut s'avérer opportun de préparer sa communauté en lui adressant, en amont même de la campagne, une première information sur l'imminence du démarrage de celle-ci par exemple. Plus la communauté ciblée sera sensibilisée à ce stade précoce, plus les chances de réactivité seront fortes. En ce qui concerne le prêt et l'*equity*, le porteur de projet devra cibler et sensibiliser sa communauté sur la part d'autocollecte envisagée.

Se fixer un objectif raisonnable

Fixer un objectif de collecte rationnel en conformité avec ses besoins, en fonction de sa communauté et de la réalité de son marché est essentiel. Attention : les sommes nécessaires à un projet ne correspondent pas forcément au montant à lever dans le cadre de la campagne de crowdfunding. Il est vital à ce stade de bien calibrer la somme que l'on estime mobilisable en fonction des communautés que l'on va cibler, qu'il s'agisse d'une levée en autocollecte ou sur un site d'épargne. Cibler 800 000 euros sur un site dont les levées moyennes ne sont que de 150 000, c'est courir un risque dommageable au porteur de projet. Dans l'hypothèse où le montant à lever par la campagne de crowdfunding ne correspond pas au besoin global du projet, il convient bien évidemment d'envisager des sources de financement complémentaires à la campagne de crowdfunding. Il s'agit là d'un point crucial, notamment pour les sites de crowdequity ou de prêt, qui se refusent à engager leur communauté d'épargnants si le projet n'est pas financé par ailleurs dans son intégralité.

Définir la durée de la campagne

Sur ce sujet, les sites sont sans conteste les meilleurs conseils. Forts de leur expérience, ils savent, en fonction de la typologie du projet, de son importance ou de sa taille, conseiller sur la durée adéquate de campagne à fixer. Nous l'avons vu, une longue campagne n'est pas forcément le gage d'une plus grande réussite. À l'inverse, une campagne courte permet de concentrer la mobilisation de la communauté et la communication. Cela la rend parfois bien plus visible et percutante que si elle devait s'étaler dans le temps. Sa trop longue durée finirait en effet par lasser tout le monde. Même s'il peut sembler rassurant de faire long, en réalité, le format court est bien souvent le meilleur.

Maîtriser et réfléchir aux coûts

Une campagne de crowdfunding peut coûter parfois beaucoup d'argent. Dans certains cas, le jeu en vaut-il la chandelle ? Il est essentiel, notamment pour les campagnes de don récompense, de bien différencier les niveaux de contrepartie. Il faut aussi identifier le coût des services proposés par le site (entre 8 et 12 %), l'impact éventuel de la TVA et les autres frais de la levée (frais de port, coût de la mise en production, etc.).

Préparer la communication

Au-delà de la capacité de tout un chacun à mobiliser ses propres réseaux, le lancement d'une campagne de crowdfunding peut permettre d'élargir le cercle des financeurs initialement envisagés. Pour cela, une campagne de communication peut être activement menée afin de faire connaître le projet au grand public. Plus le projet est original et innovant, plus le recours à une campagne médiatique peut faire sens. Au-delà d'une campagne traditionnelle de relations presse, on peut imaginer une action de *community management* visant à mobiliser les internautes et la communauté du porteur de projet, tenter de « faire du buzz » sur les réseaux sociaux, nourrir l'actualité du projet, scénariser la collecte, etc. Bien entendu, tout cela se prépare en amont, y compris et pourquoi pas, dans le cadre de campagnes importantes, par l'accompagnement d'une agence de communication spécialisée.

Choisir la plateforme

Penser que le financement participatif est une sorte de Graal qui permettrait de financer un projet en quelques clics après avoir été accepté par un site de crowdfunding est une erreur, comme nous l'avons déjà signalé plus haut. Au contraire, ce mode de financement, quel que soit l'intérêt qu'il présente, est l'un des plus exigeants qui soit en termes de préparation de campagne, de discipline d'animation de celle-ci ainsi que de suivi, y compris *a posteriori*, de la communauté de ceux qui ont fait confiance au porteur de projet.

Au-delà du choix de la plateforme avec laquelle le porteur décide de travailler, il est impératif que ce dernier se renseigne bien sur le fonctionnement de ces campagnes afin d'en appréhender toutes les contraintes, de coûts et de temps, impartis à leur organisation. C'est dans cet esprit que nous tentons de donner, dans les lignes qui suivent, quelques conseils qui, même s'ils peuvent sembler bien souvent de bon sens, expliquent très souvent l'échec de nombre de campagnes. Si chaque outil du crowdfunding présente des caractéristiques qui lui sont propres, on retrouve de manière générale les mêmes grandes étapes de la campagne : la préparation, l'agrément, l'élaboration des pages de présentation et l'animation.

Le choix d'une plateforme est essentiel dans la démarche de l'entrepreneur. De multiples critères peuvent entrer en ligne de compte, même si aucun ne se suffit à lui-même. Cette sélection dépend de nombreux paramètres (type

Le choix de la plateforme

de financement recherché, localisation, structure financière, taille de la communauté, etc.) que l'on peut regrouper en différentes catégories. Pour les plus paresseux, Bpifrance a lancé en 2013 un outil tout à fait intéressant qui permet sur la base de statistiques de repérer les sites qui paraissent le plus adaptés à tel ou tel type de besoin.

EN PRATIQUE

Bpifrance et le big data au secours du porteur de projet

Dès 2013, Bpifrance a réuni les acteurs français du crowdfunding afin de prendre une initiative pour soutenir le secteur. Rapidement, un consensus a émergé, se traduisant par la réalisation d'une plateforme qui référencerait les principaux sites de crowdfunding : Tousnosprojets.fr. Ce portail, qui a vu le jour fin 2013, s'avère très intéressant pour les porteurs de projet (comme les contributeurs) qui cherchent un site de crowdfunding adapté à leurs besoins. En effet, son moteur de recherche permet à l'entrepreneur de préciser les grandes caractéristiques de son besoin de financement. Les résultats de sa requête lui montrent quels grands sites de crowdfunding agréés par le portail sont les plus pertinents en termes de nombre de projets similaires déjà financés sur la plateforme. L'outil est facile d'utilisation et permet au chef d'entreprise de poursuivre et de compléter sa réflexion. Outre la richesse de ses informations et de ses actualités, ce portail fait également office d'annuaire des sites référencés, soit trente et un à mi-2015. Chaque site y est décrit et ses particularités précisées. La base de données est déjà très complète et les principaux acteurs du métier y figurent.

Autre outil d'aide à la décision, Crowdybox.com ouvre au crowdfunding grâce au big data. Ce site vise à faciliter la préparation de la campagne de collecte grâce à une boîte à outils très complète et pédagogique élaborée sur la base du big data généré depuis 2009 par le marché du crowdfunding. Ses outils d'analyse permettent d'identifier de manière simple et graphique les points communs des projets réussis similaires à ceux du candidat à la collecte. De plus, les outils de veille sur Internet et les réseaux sociaux permettent d'y repérer les médias, les journalistes et les blogueurs ayant relayé des campagnes similaires par le passé. La plateforme est enfin agrémentée de modules d'e-learning qui guident le porteur de projet tout au long de sa campagne.

Le type d'outil : crowdfunding d'épargne ou d'autocollecte et notoriété

Plusieurs critères de choix

Le type d'outil est déterminant dans la sociologie et le fonctionnement des sites de crowdfunding. Le choix du site par le porteur de projet dépend aussi de ce dernier.

Dès lors que la levée est à faire en autocollecte, peu importe le choix du site. Il suffit que le porteur de projet ait une belle page de présentation de son projet qu'il diffusera à toute sa communauté. Rappelons les déboires rencontrés par certains porteurs de projet croyant que passer par Kickstarter, le plus gros site de crowdfunding de don récompense avec une communauté de neuf millions de membres, leur permettrait de lever des fonds sans rien faire. Au bout du compte, n'ayant pas compris qu'il s'agissait d'un outil d'autocollecte, leur levée n'aboutit pas. Par conséquent, et dans ce cas de figure, travailler avec le plus connu et le plus important des sites n'est pas un critère déterminant.

À l'inverse, une campagne sur un site d'épargne sera d'autant plus efficace que la plateforme saura fédérer une importante communauté d'épargnants. Dans ce cas de figure, la taille et la notoriété seront des critères de choix pertinents.

Comme souvent, la vérité est entre les deux, chaque campagne revêtant une part d'autocollecte et une part d'épargne. Il faut donc compléter la réflexion avec d'autres critères de choix. Par exemple, en matière de don récompense, une campagne de prélancement d'un produit a tout intérêt à passer par un site à forte notoriété et communauté dès lors que celui-ci est prêt à mettre en avant et à pousser la campagne auprès de cette communauté. Dans ce cas, la campagne, conçue comme une opération de test marketing auprès du grand public, ne peut réussir que si elle rencontre un large public. Le recours à la communauté des grands sites prend alors tout son sens.

Attention aux sites n'affichant pas de statistiques !

On dit que la culture, c'est un peu comme la confiture, moins on en a, plus on l'étale. Dans le domaine du crowdfunding, c'est malheureusement et bien souvent le contraire. Comme il s'agit d'un financement dit désintermédié, direct et transparent, on attend des sites la plus grande transparence possible sur leurs activités et leurs réalisations. Si la loi rend obligatoire la transparence sur certains sujets (réassurance, statut, agrément, présentation du niveau de risque, taux de défaut, etc.), elle n'impose pas aux sites d'afficher toutes leurs statistiques de production et de réalisation. Les éléments d'information imposés par le législateur visent à rassurer et à informer le contributeur bien plus qu'à aider le porteur de projet dans ses choix.

Or, les statistiques sont l'outil le plus utile pour le porteur de projet qui souhaite savoir à qui il a affaire. C'est grâce aux statistiques du site que le porteur de projet connaîtra le nombre de dossiers financés et d'investisseurs sur la plateforme, le taux d'échec, celui de filtre, etc. Autant d'éléments d'information tout à fait essentiels pour faire son choix. Les sites qui n'affichent rien n'ont en général pas grand-chose à dire.

Bien évidemment, dans un secteur en pleine enfance, bien des sites, trop jeunes pour pouvoir afficher un historique probant, ne sont pas à l'aise avec cette démarche, ce qui peut se comprendre. Mais c'est aussi une question de transparence et d'état d'esprit que d'afficher des informations indispensables pour le porteur de projet. L'âge de la plateforme peut être affiché, tout comme bien d'autres atouts : son adossement, les spécificités de son approche, ses réseaux, sa méthode de communication, etc. Cela fait partie de la courbe de croissance et d'expérience de tout site que de partir de rien. Il faut savoir l'assumer, ne serait-ce que par honnêteté vis-à-vis des utilisateurs potentiels de ses services.

Dans tous les cas, le porteur de projet doit interroger activement et précisément le site sur ces éléments s'ils ne sont pas affichés. Par exemple, à quoi bon tenter une campagne de levée de fonds de type épargne en *equity* ou en dette auprès d'un site qui ne dispose pas d'investisseurs ? Le risque ici étant que le porteur de projet se retrouve en situation d'autocollecte et doive se débrouiller par lui-même pour trouver ses propres investisseurs. C'est bien entendu une option toujours possible ; encore faut-il que le porteur de projet le sache au départ pour éviter de grandes désillusions.

Le professionnalisme du site

C'est un sujet de bon sens, très important et valable pour tous les types d'outils du crowdfunding. Ce professionnalisme englobe bien des sujets, qui passent de la qualité de la formation et de l'information à la réactivité des équipes commerciales, sans oublier l'attention portée au projet, notamment dans son éventuelle mise en avant sur le site, la capacité des équipes à respecter les délais de préparation et de clôture qui sont annoncés, etc. Il est toujours difficile de savoir en amont si le discours du site sera en adéquation avec sa façon effective de travailler. C'est en interrogeant les porteurs de projet ayant expérimenté le site qu'on peut obtenir les meilleurs échos sur le sujet. N'hésitez pas à demander aux sites les coordonnées de porteurs de projet à contacter !

L'accompagnement proposé

C'est un critère essentiel, nous l'avons, vu notamment pour la façon d'animer une campagne. Quel que soit le type de cette dernière, son animation est vitale et surtout ne s'improvise pas, tant en termes de discipline quotidienne, de relance, que de temps passé, il faut avoir expérimenté une campagne de collecte pour savoir ce que cela représente. L'accompagnement proposé par le site sur ce point s'avère tout à fait capital.

La spécialité et les spécificités du site

Le dynamisme du secteur favorise un mouvement soutenu de création de plateformes avec, à la clé, une intensification de la concurrence. Près de 150 opérateurs œuvrent sur le marché français. Les derniers entrants sont parfois tentés par des positionnements différenciants et thématiques. C'est ainsi que certaines plateformes ciblent spécifiquement :

- l'approche sectorielle, qui vise par exemple à apporter des capitaux à des projets clairement identifiés et spécialisés ;
- l'approche communautaire, qui privilégie le soutien à des projets spécifiquement portés par certaines valeurs, spécificités ou par certaines collectivités ou groupes ;
- l'approche locale, centrée sur un territoire ou une région en particulier.

Un site spécialiste est-il plus à même d'assurer le succès d'une campagne ? Oui et non. Il présente l'avantage de bien connaître le métier du porteur de projet et par conséquent les éventuelles spécificités du projet. Il dispose de même *a priori* d'une communauté de contributeurs potentiellement plus intéressée aux collectes proposées que sur d'autres sites. Ainsi, MyAnonna capitalise sur la connaissance des spécificités liées à l'accompagnement de l'entreprenariat féminin. Il propose un accompagnement expert dans l'entreprenariat féminin associé à un maillage de réseaux de plus en plus important et puissant, à la fois de proximité et au niveau international, qui œuvrent pour un meilleur équilibre femme-homme dans nos économies.

Si, sur le principe, cela peut être un avantage, en pratique, le porteur de projet doit vérifier la valeur des attributs mis en avant par le site. Par exemple, un site spécialisé risque de présenter l'inconvénient d'avoir une communauté très réduite, tant le type de personnes visées s'avère difficile à rassembler. Les grands sites d'épargne et d'autocollecte connaissent la valeur et la difficulté de réunir une importante communauté, c'est leur fonds de commerce. Dès lors, il n'y a pas de raison que des sites spécialisés, nés de surcroît plus tardivement que les grands sites, ne soient pas eux aussi confrontés à cette question vitale. Par conséquent, un porteur de projet séduit par un site spécialisé devra vérifier que ce dernier dispose bien d'une communauté et que sa spécialisation n'est pas qu'une vitrine sans contenu. Sinon, il sera plus judicieux de recourir à un site généraliste plus important.

Les sites spécialisés se développent de plus en plus, par exemple Sponsorize.me, pour les projets sportifs, est très intéressant. Là encore les statistiques de sites sont bien souvent pleines d'enseignement. Il est également intéressant d'observer les grands sites au regard de leur éventuelle spécialisation. Tel site de crowdequity est plus spécialisé en start-up technologiques alors que tel autre favorise l'immobilier ; tel site de prêt est plus spécialisé dans la dette et le placement court terme (comme Finsquare) alors que tel autre propose plutôt de la dette à moyen ou long terme ; tel site de don récompense est plus spécialisé dans les projets solidaires, culturels et artistiques alors que tel autre privilégie le lancement de start-up de projets innovants. Là encore, les statistiques du site parlent d'elles-mêmes.

EN PRATIQUE

Le crowd est-il l'avenir de l'économie sociale et solidaire ?

Par exemple, l'ESS est un secteur à très fort potentiel dans le crowdfunding, avec des sites spécialisés comme Arizuka, Spear ou encore Agir&Co. Le Crédit Coopératif s'y est aussi mis. Cette approche de la banque spécialisée en France dans l'accompagnement des structures de l'ESS est intéressante. Elle propose notamment à ses clients particuliers, assez militants et engagés eux-mêmes, un outil de financement citoyen d'associations et de structures sociales qu'ils accompagnent par ailleurs. C'est un parfait exemple de complémentarité et d'homogénéité entre le métier de la banque et celui du crowdfunding. Il peut être pertinent pour un porteur de projet du secteur d'interroger et de creuser ces pistes en fonction de leur montée en puissance respective.

La tentation pour la spécialisation s'est déjà produite en d'autres temps, par exemple pendant la fameuse bulle Internet des années 2000. À l'époque, pour faire face à la force de frappe des premiers grands entrants généralistes sur le secteur du e-commerce (Rue du Commerce, Amazon, etc.), des créateurs de start-up se sont laissé tenter par une approche sectorielle (sites des arts de la table, de gastronomie régionale, etc.). Ces initiatives ont bien vite tourné au fiasco, avant que d'autres ne reprennent le flambeau pour échouer à leur tour. Pourquoi ? Pour une raison très simple : quand un nouvel outil arrive sur le marché, il doit massivement évangéliser le grand public avant que ses utilisateurs, enfin formés à son usage et acquis à sa cause, ne se penchent sur les particularismes et les subtilités des acteurs de niche. Par ailleurs, ces approches de niche ne disposent souvent pas d'une profondeur de marché suffisante pour assurer leur pérennité. Rendons ici hommage au site spécialisé I AM LA MODE, dont l'approche très intéressante n'a pas résisté aux dures contraintes du métier.

C'est une règle assez récurrente en matière d'innovation : le très lourd effort d'évangélisation est porté par les grands acteurs généralistes qui ne laissent que peu de place aux spécialistes. Bien entendu, il est des exceptions à cette règle et quelques malins parviennent à implanter des marques de niche. C'est d'autant plus envisageable que la communauté visée est structurée, auto-identifiée et organisée en termes de communication thématique. Cependant, il a fort à parier que nombre de ces sites ne perceront que difficilement le marché pendant encore quelques années.

Les ressources de proximité et la force des partenariats locaux

Le positionnement en tant qu'acteur local est un grand thème de réflexion du crowdfunding. De nombreuses collectivités territoriales se sont posé ou se posent la question du lancement d'initiatives de crowdfunding local. L'idée est assez tentante de proposer à une population déterminée d'être associée au financement de projets locaux, amorcés, voire incubés par des collectivités locales, et dont l'impact d'activité est lui aussi essentiellement local. Cette approche concerne aussi les acteurs de l'ESS, sans cesse en recherche de nouvelles ressources, qui pourraient, par le biais du crowdfunding, accéder à de nouvelles lignes et sources de financement.

Quel que soit l'outil proposé ou envisagé, on pense notamment à la force communautaire que représente la population d'une ville ou d'un bassin géographique, par nature très attachée au développement et à l'initiative locale. Ces approches ont sur le papier beaucoup de sens. Le sujet a fait l'objet d'une grande réflexion et d'une étude d'un grand cabinet conseil au sein de la Caisse des dépôts et consignations (CDC), qui souhaitait axer sa politique de crowdfunding sur une approche de soutien à des acteurs et des initiatives locaux. Il sera intéressant de voir les orientations qui s'ensuivront.

EN PRATIQUE

La tentation du crowdfunding de proximité

AB Funding, principalement sur le financement des entreprises de la région Rhône-Alpes, s'inspire de cette même idée. Pour sa part, le site de don récompense Octopousse, spécialisé dans les projets bretons, n'a pas résisté (avalé par Ulule) avant qu'un autre acteur, Base Jaune, ne se lance à son tour dans l'aventure bretonne. Il faut un courage certain pour se lancer sur un segment qui a connu des échecs. Les enseignements de ces projets pilotes sont difficiles à tirer à ce stade, du fait de la jeunesse de ces projets.

Les agréments

Il ne s'agit pas là d'un thème de réflexion, mais d'une obligation. Comme nous l'avons vu, la réglementation française impose à une grande partie des métiers du crowdfunding, hormis le don (pour lequel c'est facultatif), l'adoption d'un statut qui se matérialise par une forme d'agrément des pouvoirs publics. Ces agréments assurent au porteur de projet, non pas la réussite de sa collecte, mais l'assurance que le site est en conformité avec les quelques contingences imposées par le législateur :

> sécurisation des flux d'argent ;

> honorabilité de ses dirigeants ;

> souscription d'une responsabilité professionnelle ;

> transparence sur les projets, etc.

L'obtention de cet agrément d'IFP (pour les sites de don et de prêt) ou de CIP (pour les sites d'investissement) est facilement vérifiable, puisqu'il fait l'objet d'un affichage sur le site lui-même.

Se faire accepter par un site

Dès lors que l'on a préparé son projet, imaginé la teneur de sa campagne et la manière de mobiliser sa communauté ainsi que le grand public, il importe au porteur de projet de se faire accepter par un site. Il est envisageable à ce stade de solliciter plusieurs plateformes, non pas tant pour les mettre en concurrence que pour gagner du temps dans l'hypothèse du refus de certaines d'entre elles. Accessoirement et si le projet plaît, on peut faire une petite mise en concurrence en comparant ce que proposera tel ou tel site en termes de mise en avant de la campagne, de mise en ligne du projet sur la page d'accueil, de publication dans sa newsletter, etc.

Attention, mise en concurrence ne signifie pas campagne lancée sur plusieurs sites, dont nous avons vu le peu de sens en pratique. Là encore, s'il est important de vérifier le taux d'acceptation du site, ce n'est pas un critère suffisant. Certains sites, notamment dans le don, ne filtrent que très peu les dossiers avec, pour conséquence, un énorme taux d'échec des campagnes lancées. Tout est question d'équilibre. Il ne faut donc pas hésiter à interroger les sites, y compris sur ce point précis.

Avant de solliciter un site et notamment dans le cas d'une première expérience, il peut être judicieux de prendre conseil auprès de porteurs de projet qui sont déjà passés par là, de les interroger sur leur expérience et leur vécu, sur les difficultés rencontrées autant que les satisfactions. Ce faisant, le porteur de projet entend d'autres échos que le seul argumentaire officiel de chacun des sites ciblés. Cela peut être une information riche en enseignements, qui doit, dans la mesure du possible, être recueillie en amont de la sollicitation des sites visés.

EN PRATIQUE

Dans tous les cas, et notamment pour « candidater », c'est assez simple. Chaque site de crowdfunding dispose d'une rubrique dédiée au référencement des projets. Selon les métiers, il est demandé au porteur de projet plus ou moins d'informations qui serviront à l'étude du projet et à son éventuelle acceptation par le site. En matière de don récompense, voici par exemple le processus de sélection chez MyAnnona :

— Étape 1 - Analyse et validation de l'activité présentée (respect de l'ordre public, des bonnes mœurs, etc.)

— Étape 2 - Analyse et validation de l'e-réputation (recherche sur Internet, présence sur les réseaux sociaux)

— Étape 3 - Analyse de la cohérence du projet (tous les documents sont les bienvenus, présentation du business plan, prévisionnels, accompagnement de la porteuse de projet)

— Étape 4 - Analyse de la porteuse de projet par le prestataire de paiement qui vérifie et valide les informations données, conformément aux règles de connaissance client (particuliers, associations, professionnels, sociétés)

Pour une campagne de prêt et de crowdequity, les données financières sont analysées avec plus d'attention pour pouvoir émettre un avis sur la viabilité économique de l'entreprise.

Animer sa campagne

Une fois accepté par un site, le porteur de projet va devoir mener sa campagne. Là encore, celle-ci est plus ou moins intensive selon la part d'autocollecte prévue. Cependant, que 100 % ou seulement 10 % de la collecte proviennent de la mobilisation de ses proches, il n'en demeure pas moins qu'il faut mener campagne. Cela nécessite, rappelons-le, un travail important et chronophage tant dans la préparation que dans l'animation. Il s'agit d'un travail quotidien qu'il faut être capable de mener. La campagne de crowdfunding n'est pas un moment neutre : elle implique une animation et une réactivité qui en font un moment fort de communion entre le porteur de projet et son écosystème.

Les différentes étapes d'une campagne de crowdfunding : avant la campagne

Déposer son projet

La préparation des pages de présentation du dossier est essentielle ; elle doit être réfléchie et menée avec le plus grand soin. La contribution d'un internaute ou d'un proche se joue parfois à un détail près, à une impression qui ressort bien souvent de la présentation faite du dossier sur le site. Chaque site propose sa propre architecture de présentation du projet, de même que selon les métiers du financement participatif, les éléments d'information sur le projet et l'entreprise varient. Néanmoins, au-delà du graphisme et de la forme propres à chaque site ou des contraintes réglementaires de tel ou tel métier, l'on retrouve à chaque fois des rubriques assez similaires dont les principales sont décrites ci-après.

La vidéo de présentation

La présentation du dossier passe par la création de plusieurs rubriques dont la vidéo est, sans conteste, la brique la plus importante. Celle-ci occupe une place à part. C'est en effet le premier moment de contact direct avec les contributeurs potentiels. C'est le seul élément vivant de la présentation du dossier et celui par lequel l'émotion, l'enthousiasme et la détermination du porteur de projet s'expriment le plus facilement. La vidéo doit mettre en scène le porteur de projet, car c'est lui qui incarne au mieux le projet. Enfin, et c'est certainement le plus important, le porteur de projet doit être sincère et enthousiaste. Il dispose de deux minutes seulement pour expliquer le quoi, le qui, le pourquoi, le comment, et bien sûr remercier.

Quel que soit le type de campagne, la vidéo est un support quasi incontournable. Le porteur de projet se doit de raconter une histoire, de donner un sens à son projet. La maîtrise des règles financières associée à une communication attractive sur son projet sont des éléments fondamentaux pour mener à bien la campagne de crowdfunding. Pour la réussir, il faut raconter une histoire (« *storytelling* »), savoir mettre en scène son projet, rassurer autant que séduire, convaincre autant que plaire. Le porteur de projet se doit de donner un sens à son projet. C'est de cette vidéo que les atouts du projet et son originalité doivent ressortir. Le discours doit être à la fois simple et percutant, avec des images marquantes si nécessaire.

En soutien à la vidéo, un espace est à disposition pour délivrer un message fort et « impactant ». Dans cet espace, tout doit aller à l'essentiel, et point n'est nécessaire de tout dire. Le projet doit être nommé et il faut en faire comprendre l'essentiel. C'est là que doit être montrée l'ambition du porteur de projet afin de donner l'envie de le soutenir et d'en savoir plus. Près de la moitié des internautes ne lisent que les titres ou les textes d'introduction sans aller plus loin. Il est donc essentiel de capter leur attention dès le premier contact, dès le départ. Il est généralement assez pertinent, en plus de la vidéo, de montrer quelques images du porteur de projet, du projet, de l'entreprise, des équipes, etc. C'est indispensable non seulement pour le profil du projet, mais aussi pour la diffusion de ce dernier sur les réseaux sociaux.

Associer la campagne à un nom et/ou à un slogan fait aussi partie de l'exercice ; ceux-ci deviennent en quelque sorte les ambassadeurs mnémotechniques et graphiques de la campagne. Le mot et l'image sont indissociables !

La synthèse

Les donateurs ou les contributeurs vont en savoir plus en découvrant la synthèse. Il s'agit de quelques phrases ou accroches pour concrétiser encore davantage ce que la vidéo a présenté. C'est le moment de reformuler la nature du projet, d'indiquer les livrables, les étapes, le marché et les cibles visés. Il est judicieux aussi d'y ajouter quelques chiffres, de rappeler l'usage des fonds levés et d'ouvrir des perspectives concrètes. Il faut y rappeler à quoi va servir la collecte ! Et bien entendu, partager son ambition et sa motivation.

Le descriptif

C'est ici que l'on entre dans les détails. Il faut y rappeler la genèse du projet, ce qui a amené le porteur de projet à se lancer ; donner des exemples et illustrer au maximum le projet envisagé. Si toutes ces informations existent déjà dans le business plan, il s'agit là de réaliser un véritable outil de communication attractif, simple et « impactant ». L'équilibre entre textes, chiffres, graphiques et images est important. C'est au porteur de projet de le définir en fonction de la nature du projet. À ce stade, si les contributeurs sont exigeants, ils sont aussi intéressés, puisqu'ils se situent déjà au cœur des pages de présentation du projet. Il s'agit donc non seulement de leur montrer le sérieux de l'entreprise et de bien expliquer l'impact de leur contribution sur la réussite concrète du projet, mais également de les entraîner et de les impliquer dans cette ambition et sa réussite.

Nous l'avons vu, les campagnes de crowdfunding relèvent bien souvent de ce que l'on a qualifié en début d'ouvrage d'empathie Internet. Cette empathie ou la capacité des contributeurs à tomber « amoureux » du projet ou de son porteur est un facteur essentiel de la campagne. En ce sens, une mise en avant de l'entrepreneur et de son équipe est très importante. C'est un élément de réassurance ainsi que de sociologie des campagnes de crowdfunding, notamment lorsqu'il s'agit d'un projet entrepreneurial. On dit souvent que le contributeur affecte son argent plus à l'entrepreneur qu'au projet ; c'est souvent très juste. Le porteur de projet avant la finance, voilà qui diffère beaucoup avec les approches traditionnelles de l'investissement et de la finance. Une étude réalisée en Allemagne auprès des sites d'investissement a montré que dans 80 % des cas, les investisseurs de ces sites n'avaient même pas consulté le business plan de l'entreprise. En immobilier, on dit souvent « l'emplacement, l'emplacement, l'emplacement » ; en matière de crowdfunding, on pourrait dire « le porteur de projet, le porteur de projet, le porteur de projet ». N'oublions pas que le montant moyen des contributions dans les outils du crowdfunding oscille entre cinquante et quelques milliers d'euros que les contributeurs sont bien souvent prêts à investir en quelques clics.

Les pages institutionnelles

Dans les sites de prêt et d'*equity* notamment, et pour des raisons réglementaires autant que d'information de l'épargnant, il est demandé au porteur de projet d'afficher nombre de documents officiels et très sérieux qui crédibilisent sa démarche et permettent à l'investisseur exigeant de se plonger dans les détails de l'entreprise et de tester le sérieux du porteur de projet. Les documents suivants peuvent ou doivent aussi être mis en ligne :

- statuts de l'entreprise ;
- synthèse de bilan et compte de résultat de l'entreprise ;
- pacte d'actionnaires le cas échéant ;
- évaluation de l'entreprise ;
- business plan, etc.

Ce travail de publication des documents relatifs à la structure juridique et à la santé financière de l'entreprise n'est pas sans conséquences pour l'entreprise qui rend ainsi publiques des informations relatives à sa situation financière notamment. Ces publications, qui relèvent du devoir d'information et de transparence vis-à-vis des épargnants contributeurs, doivent aussi être assumées par le porteur de projet.

Gérer les contreparties

Les contreparties proposées expriment la gratitude du porteur de projet envers les contributeurs. Elles doivent être originales et ressembler à l'entrepreneur et à son projet. Si ce ne sont pas toujours les contreparties qui motivent en premier le donateur, elles sont cependant très importantes pour le distinguer et lui permettre de voir son geste valorisé. Soutenir un projet, c'est participer à l'aventure de l'entrepreneur et recevoir, en retour, une marque de reconnaissance de cet engagement. Les contreparties doivent donc être à la hauteur du soutien, autant symboliquement que par leur valeur propre. Elles sont présentées sous forme de paliers de dons, définis par le porteur de projet.

Il ne faut pas hésiter à voir large et à étaler suffisamment les paliers pour que chaque donateur potentiel puisse contribuer en fonction de ses moyens. Il est par exemple possible de commencer à 5 euros et de progresser en six ou sept étapes jusqu'à 100, puis 1 000, voire plus. Dans la mesure du possible, il peut être judicieux d'additionner les contreparties d'un palier à l'autre. Prévoir des paliers extraordinaires n'a rien de farfelu tant un mécène imprévu, soucieux d'attribuer une somme un peu folle au projet n'est pas à exclure non plus. En bref : il faut être soi-même, laisser libre court à son imagination et s'inspirer d'autres campagnes réussies.

Il n'est jamais superflu de faire vérifier dans tous les cas de figure le régime fiscal applicable à ces contreparties par un conseil spécialisé.

Promouvoir sa campagne

Une fois la campagne acceptée et les rubriques du projet complétées, sonne l'heure du lancement de la campagne. Elle doit être animée au fil des jours et des semaines afin de rencontrer les meilleures chances de succès. Le seul fait d'être mis en ligne ne suffit pas. Tant de campagnes ont été avortées du fait de la naïveté ou de mauvaises informations données au porteur de projet ! L'animation d'une telle campagne nécessite un travail quotidien et surtout une discipline que l'entrepreneur doit s'imposer coûte que coûte. La mobilisation de la communauté, autant que l'éventuelle campagne de communication autour de la collecte se font chaque jour. C'est particulièrement le cas en début et en fin de campagne, périodes où se concentre l'essentiel de la collecte. N'être pas prêt à mener cette tâche, c'est prendre le plus grand risque quant à l'issue de la campagne. Nous ne le répéterons jamais assez.

Une animation routinière

Tous les sites le disent : qu'il s'agisse de publier de nouveaux visuels, des actualités, des compléments d'information, etc., il est essentiel d'animer la campagne au quotidien. Une collecte de deux ou trois mois – une durée souvent observée – permet de donner à sa communauté une information au fil de l'eau sur l'évolution de la collecte et du projet, sur ses retombées médiatiques, sur l'intérêt montré par tel ou tel contributeur important, etc.

Les réseaux sociaux autant que les rubriques accessibles sur les pages de la campagne permettent de faire vivre celle-ci et de la faire rebondir sans cesse. Sur les sites de crowdequity par exemple, des séances de présentation du dossier et de la campagne sont organisées très régulièrement sous la forme de réunions physiques ou par visioconférence. Cela permet notamment au porteur de projet de présenter son projet de façon dynamique, et de répondre en direct aux éventuelles questions des contributeurs. Il est essentiel d'informer régulièrement les contributeurs potentiels.

L'adaptation nécessaire

Cela fait partie des qualités du chef d'entreprise, et c'est tout particulièrement vrai dans une campagne de crowdfunding : le porteur de projet doit adapter sa communication à l'évolution de la campagne en temps réel, notamment si celle-ci ne se passe pas comme prévu. De même et pendant toute la durée de la campagne, bien des choses peuvent se passer autour du projet : des problèmes, des bonnes nouvelles, un imprévu budgétaire, etc. L'entrepreneur doit en permanence être capable de réagir et de s'adapter quitte, le cas échéant, à assumer la nécessité d'un report ou d'une annulation de la campagne. Cela fait partie du jeu et il faut savoir l'anticiper.

Capitaliser sur sa campagne

Une campagne réussie est un pur bonheur pour celui qui la mène. Au-delà de la satisfaction d'une levée réussie et d'un financement ainsi réuni, le succès récompense l'ensemble des efforts réalisés pour mener à bien la campagne. Si elle n'est pas sans effet sur l'*ego* de l'entrepreneur, elle a aussi pour vertu de légitimer sa démarche : quelle plus belle satisfaction que de savoir que le projet est largement soutenu par la communauté des investisseurs, qu'il s'agisse du grand public ou de la communauté des proches du porteur de projet ? Ce succès peut donner lieu à une communication en tant que telle et servir de base à une valorisation de l'entreprise ainsi que des projets qu'elle porte. Le service de communication de la société sera particulièrement friand de ce type de réussite. Une campagne réussie peut donc être un tremplin bien au-delà de sa seule dimension financière.

Les différentes étapes d'une campagne de crowdfunding : la campagne

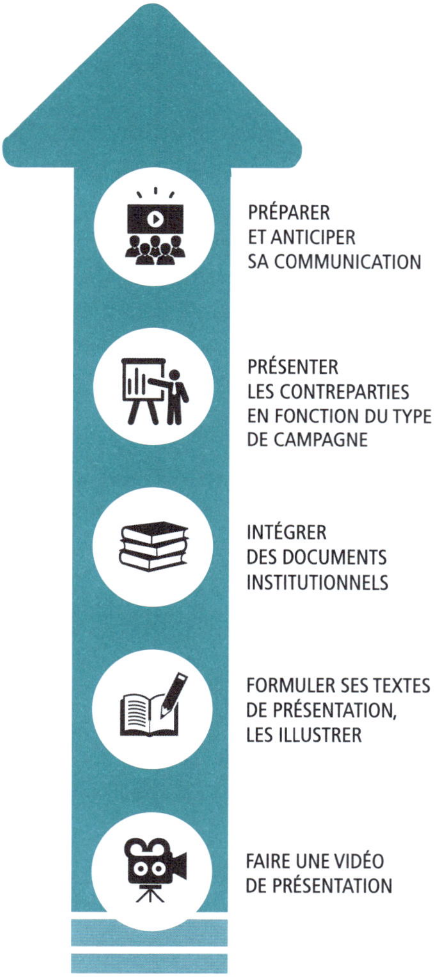

Construire et compléter sa communauté de clients, de financeurs et d'influenceurs

Outre sa communauté, qu'on a réactualisée, dynamisée et informée au passage sur ses projets et ses ambitions, la campagne du porteur de projet attire un certain nombre de contributeurs imprévus, qu'ils viennent de la communauté du site ou arrivent *via* la communication faite au grand public. Ce faisant, la campagne aura permis d'élargir la communauté du porteur de projet, source de potentialité pour le futur, ainsi que sa clientèle, ses futurs financeurs, etc. En ce sens, le choix du site est important : quelle est sa capacité, au-delà de la part d'autocollecte, à agréger de nouvelles personnes dans l'écosystème du porteur de projet ?

Faire vivre le projet ou le produit, continuer à informer

Une fois la campagne terminée, il n'est rien de pire que d'abandonner sa communauté. On pense notamment aux métiers du prêt et de l'*equity*. Un tel comportement équivaut un peu à dire sa communauté : « File l'oseille et casse-toi ! » Ce n'est jamais très bien vu... Au contraire, une communauté animée sur la durée sera reconnaissante au porteur de projet de recevoir des informations sur le projet, et d'autant plus réactive s'il fallait la solliciter à nouveau. Une communauté abandonnée au lendemain d'une première levée ne s'y fera pas reprendre.

Les différentes étapes d'une campagne de crowdfunding : après la campagne

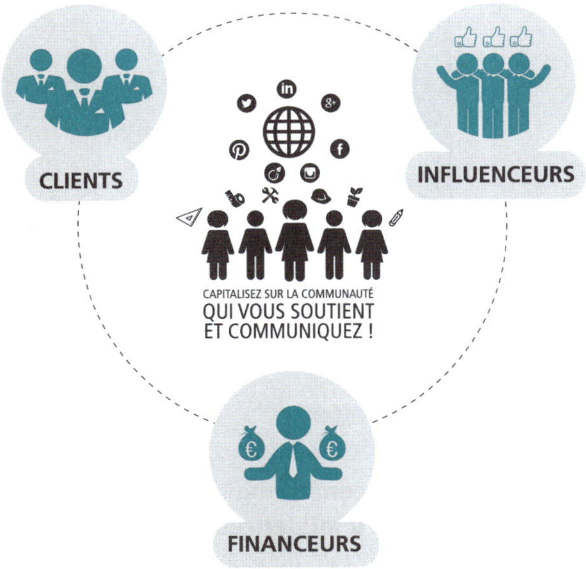

Déléguer sa campagne

Une campagne de crowdfunding peut prendre du temps, comme nous l'avons souligné plus haut. En ce sens, elle coûte de l'argent et de l'énergie à l'entreprise et au porteur de projet. Il est donc essentiel de savoir bien s'entourer et de déléguer certaines tâches, notamment celles qu'on maîtrise moins ou qui prennent beaucoup de temps, comme le *community management*.

Il existe des cas de délégation réussis : en 2015, la plateforme collaborative MakeSense a pris en charge la campagne de la société Prakti, qui fabrique un four de cuisson destiné aux plus démunis. En permettant une bonne évacuation de l'air, il réduit les risques d'inhalations toxiques. En outre, sa consommation de charbon ou de bois est réduite et il respecte l'environnement. La campagne s'est soldée par un grand succès, avec plus de 15 000 euros collectés. Est-ce parce que la cause était tellement forte qu'elle a réussi à fédérer au-delà même du fondateur ? Est-ce duplicable pour toute campagne ?

Pour autant, déléguer ne signifie pas se désintéresser. En effet, une campagne doit être incarnée et le porteur de projet se doit d'en être le meneur aux yeux de tous. Il est le seul et le plus à même de la faire « vibrer » et de partager ainsi la vision de son entreprise avec ses contributeurs ou investisseurs. Il n'existe en France que peu de sociétés de conseil ou d'agences indépendantes qui se proposent de prendre en charge l'organisation d'une campagne – une question de jeunesse du métier sans doute. Cependant, ce métier de « conseil en crowdfunding » ne devrait pas tarder à se développer. Il permettra au chef d'entreprise de déléguer plus encore la préparation autant que la réalisation de la campagne.

Les limites et les pièges

La dure réalité de la finance

L'argent ne tombe pas du ciel. La collecte en crowdfunding répond en général à des mécaniques somme toute assez simples : plus votre projet est (potentiellement) rentable ou pérenne, moins il aura de mal à lever les fonds dont il a besoin. S'agissant des sites de don ou de prêt solidaire, le sujet n'est évidemment pas le même, puisque le retour sur investissement n'est pas une motivation essentielle du contributeur. Ici, la capacité de mobilisation du porteur de projet est incontournable. Dans tous les cas, il importe de prévenir les risques relatifs à l'illusion du crowdfunding. Au-delà de ces deux règles de base – séduction ou rentabilité –, point de salut. Le taux de rejet des projets par les sites parle de lui-même, comme nous l'avons souligné plus haut. Une majorité de projets se trouve donc exclue des mécaniques de crowdfunding.

La dure réalité du métier consiste bien souvent à se trouver confronté aux dures réalités de la finance, qui se montre parfois très sévère dans sa sélection de projets à financer. Plus les sites de crowdfunding sont dits d'épargne, plus cette dure réalité s'impose au porteur de projet.

Nous l'avons vu plus haut, les sites de prêt commercial sont confrontés à une équation singulière : comment attirer le maximum d'épargnants si ce n'est en leur proposant des taux d'intérêt alléchants ? Et pour ne pas dégrader leur image auprès de ces mêmes épargnants, ils sont condamnés à n'accepter que des dossiers dont le risque estimé est le plus faible possible. L'équation n'est pas simple, car un entrepreneur dont la situation bilancielle et financière est bonne – la cible parfaite pour ces sites – ne voit souvent pas l'intérêt de recourir à ce type de plateforme, arguant de la rapidité et de la réactivité de ses banques à le financer.

Cela signifie-t-il que le crowdfunding n'est qu'illusion ? Certainement pas, mais cela implique pour le porteur de projet d'avoir conscience des limites et des contraintes de l'exercice, de se former à ses outils ou de se faire accompagner en amont de sa collecte.

Le crowdfunding n'est pas un outil miracle

Le « crowdborring » ou le resserrement des approches d'autocollecte est un phénomène que l'on ne mesure pas encore, tant le crowdfunding est récent en France. Néanmoins, une communauté sursollicitée dans le cadre de campagnes d'autocollecte et par diverses campagnes de crowdfunding pourrait finir par se lasser. Le témoignage de ce familier du crowdfunding est intéressant à plus d'un titre : « *La première fois que j'ai été sollicité par une cousine, j'ai payé sans regarder. La deuxième fois, j'ai hésité, mais j'y suis allé après avoir reçu un coup de fil de l'ami qui levait et regardé plus en détail le projet. La troisième fois, ça a commencé à m'énerver et depuis, je n'ouvre même plus les e-mails de sollicitation que je reçois...* » Le monde des artistes connaît bien le sujet : MyMajorCompany ou encore Touscoprod sont littéralement submergés par les campagnes. Bien évidemment, nous sommes encore loin d'arriver à ce type de saturation au niveau global, car moins d'un million et demi de Français ont contribué depuis 2005, d'une manière ou d'une autre, à une campagne. Cependant, des rejets du type de celui relaté plus haut ne manqueront pas de se renouveler quand le marché aura atteint sa maturité et que le nombre de sites et donc de projets financés se sera multiplié. Enfin, cela ne sert strictement à rien de mener une même campagne sur plusieurs sites différents.

Les risques suite à l'échec d'une campagne

C'est un facteur dont on parle moins, mais qu'il ne faut surtout pas négliger. En présence d'un site d'épargne et *a fortiori* d'autocollecte, les risques d'échec sont réels, comme le montrent les statistiques des sites transparents.

L'omission d'un plan B

Le premier de ces risques, même s'il relève de l'évidence, mérite qu'on s'y attarde : c'est celui de l'absence de plan B. L'entreprise dont les besoins financiers sont sensibles peut se trouver en difficulté, ne serait-ce que parce que la levée nécessaire prend plus de temps que prévu (préparation du dossier, agrément par le site, durée de la campagne, etc.), selon l'outil auquel on recourt (de quelques jours à plusieurs mois). Le porteur de projet doit donc s'assurer que l'entreprise dispose des moyens financiers nécessaires au financement de ses besoins pendant la durée de la campagne, voire un peu plus si celle-ci dépasse les délais initiaux. Dans le domaine du crowdequity, il convient d'ajouter au temps de collecte la durée de la formalisation administrative et juridique de la levée, qui peut s'étaler sur plusieurs mois, voire près d'un an dans certains cas.

Pire, en cas d'échec pur et simple de la campagne, l'entreprise peut se trouver en grave difficulté si elle n'a pas prévu de plan de repli. C'est là un cas tout à fait classique, loin d'être marginal, notamment dans le domaine du prêt commercial et du crowdequity. Une campagne n'est pas obligatoirement couronnée de succès et la survie de l'entreprise ne doit pas en dépendre. Ce genre de situation n'est pas propre aux seuls sites de crowdfunding, mais à tous les financeurs en raison du manque de clarté ou de l'inefficacité des processus (étude préliminaire du dossier) de certains d'entre eux. Pendant des mois, ces derniers font croire qu'ils étudient le dossier pour au bout du compte le refuser. Ce piège, dans lequel bien des entrepreneurs sont tombés, existe aussi dans le crowdfunding. Il est donc essentiel d'interroger chaque site sur ses engagements et de toujours prévoir un plan B.

Le risque lié à l'image

L'échec d'une campagne de crowdfunding peut produire d'autres effets pervers que la mise en danger de la vie de l'entreprise, notamment en termes d'image. Cette campagne est en effet publique, affichée sur le site, diffusée sur les réseaux sociaux et, ce qui est quelque part pire, au sein des réseaux proches de l'entrepreneur. En cas d'échec, cela se sait, des conséquences inattendues sont envisageables : comment réagira une banque sollicitée par l'entreprise alors que « la foule » aura ostensiblement déjà montré sa défiance ? Comment réagiront ses fournisseurs et ses clients, et même ses salariés, face à une telle difficulté de financement ? Il faut être capable de l'assumer. Dans ce cas, un message rassurant adressé à la communauté peut permettre de désamorcer les conséquences possibles d'un échec.

Le crowdfunding est donc un outil fabuleux pour les entreprises, dans la mesure où il s'inscrit dans une stratégie globale d'entreprise, qu'il est abordé de manière professionnelle, et qu'on a évalué les risques. Ce n'est certainement pas une bouteille à la mer lancée sans préparation ni implication d'une équipe.

CONCLUSION

Graal ou mirage, détesté ou encensé ? Le crowdfunding ne laisse pas indifférent. Du porteur de projet en mal de financement au créateur d'entreprise qui y trouve enfin l'outil d'amorçage dont il rêvait, en passant par l'entreprise de croissance à la recherche de fonds propres, les usages du crowdfunding pour l'entreprise ne cessent de se diversifier et l'outil de montrer son utilité. Les observateurs critiques lui reprocheront sa sélectivité et la part d'illusion qu'il porte en lui, alors que les autres lui attribuent toutes les vertus face à un secteur bancaire parfois bien frileux quand on lui parle de start-up et de création d'entreprise. Comme souvent, la vérité se situe entre les deux.

Qu'on le veuille ou non et qu'on se le dise, la majorité des outils du crowdfunding pour l'entreprise répondent aux basiques de la finance. On l'aura compris, dès lors que l'outil propose à l'investisseur, sur le prêt commercial par exemple, un alléchant retour sur investissement, l'obligation contractuelle de délivrance de ce retour s'impose au porteur de projet, soumis dès lors à la sélection naturelle et drastique du site. C'est une réalité à laquelle il sera difficile d'échapper dans ce métier et qui l'éloigne un peu de la promesse qu'on avait bien voulu lui faire porter, celle d'une finance alternative, libérée et décomplexée des outils traditionnels du financement. Le but n'était pourtant pas, aux yeux du législateur, d'enfanter un concurrent des banques...

L'équation semble en revanche plus intéressante s'agissant des sites d'investissement, capables d'apporter à de belles start-up de croissance les moyens de leur développement, là où ne sont pas forcément présents les financeurs traditionnels en capital. Même si leur niveau de sélectivité est en lui-même porteur de frustrations, ces sites ouvrent de nouvelles voies au financement des start-up en France.

Mieux, les outils de don récompense, LA véritable invention du barbare de la finance, montrent jour après jour leur contribution à l'innovation et à la création d'entreprise. Il s'agit là d'une très bonne nouvelle au pays de la créativité et de l'innovation. La France est qualifiée depuis quelque temps de « nouvelle Silicon Valley », forte du bourgeonnement de ses initiatives, de ses incubateurs et de son soudain engouement pour les start-up. Cet élan, que la Halle Freyssinet de Xavier Niel incarne si bien, va sans doute se poursuivre et s'amplifier, servi par un crowdfunding de don récompense qui se révèle un puissant révélateur de start-up. Si la France, en pleine euphorie de création, dispose sur son sol de deux leaders européens du crowdfunding de don récompense, Ulule et KissKissBanBank, ce n'est pas tout à fait un hasard. Qu'ils soient remerciés de leur contribution à l'innovation et à la création dans notre pays.

Le secteur du crowdfunding n'en est qu'aux débuts de ses développements et nous n'avons pas fini d'en découvrir l'utilité pour l'entreprise, 6 milliards d'euros de collecte potentielle pour la France, dont peut-être 50 à 60 % pour l'entreprise d'ici à 2025, là est l'enjeu. Les plus malins des entrepreneurs, ceux qui ont compris les subtilités et les complémentarités de l'outil avec celles de la finance traditionnelle, en seront les premiers bénéficiaires, disposant d'une nouvelle corde à leur arc, celle d'une nouvelle finance numérique, agile et désintermédiée.

Il est un professeur d'économie qui tous les ans entame son cours à Harvard en disant ceci : « Les meilleurs entrepreneurs du monde sont les Français : avec toutes les contraintes qu'ils ont, tout en étant à la place où ils sont, c'est qu'ils sont vraiment très bons. » Le crowdfunding, même s'il doit encore trouver les chemins de la maturité, pourrait bien contribuer à la levée de l'une de ces contraintes, celle de la rigidité du financement de l'amorçage dans notre pays. La loi de 2014 sur le crowdfunding en France n'a pas coûté un centime à l'État, alors qu'elle contribue clairement à la création d'emploi. C'est une démarche pragmatique qui a guidé son vote et c'est tant mieux. Si les acteurs du métier demandent qu'elle soit encore améliorée, il faut donc les entendre.

Cet ouvrage vous aura donné, nous l'espérons, l'envie et les bases nécessaires pour déployer une campagne de crowdfunding. Il montre aussi que les frontières du financement de l'entreprise sont en train de bouger, ouvrant à l'entrepreneur des voies de financement jadis inconcevables : se financer auprès de ses clients et de son écosystème, prévendre et marketer un produit par une campagne de levée de fonds, mobiliser ses proches autour de son projet d'entreprise, etc. Le crowdfunding appartient au monde de l'économie collaborative tant dans son esprit que dans son fonctionnement. Il implique que l'entrepreneur interagisse de plus en plus directement avec ses parties prenantes, quelles qu'elles soient. Il dessine aussi les contours d'une entreprise plus ouverte, plus interactive et libérée, quelques-uns des enjeux de la gouvernance d'entreprise des prochaines années… Mais ça, c'est une autre histoire…

ILS ONT DIT…

Voici les témoignages de sept porteurs de projet qui ont vécu une expérience de crowdfunding réussie. Ils nous ont confié leurs espoirs, leurs déboires, leur parcours et leur route vers le succès. Des exemples inspirants pour tous ceux qui voudraient ou songent à recourir au financement participatif.

« La réussite d'un projet dépend beaucoup du choix et de l'investissement de la plateforme »

*Grâce au crowdfunding, Raphaël Baudet, président de Solight, une start-up industrielle innovante dans le secteur de la carrosserie industrielle installée en Haute-Loire, a levé plus de 500 000 euros sur une plateforme d'*equity *crowdfunding lyonnaise, AB Funding. Et sauvé son entreprise de la déroute.*

À l'origine de Solight, il y a une innovation : la création d'une caisse en matériau composite révolutionnaire pour les camions et autres véhicules de transport de marchandises, baptisée « le Cub ». Comme l'explique Raphaël Baudet, fondateur et président de la société, « *les 3,5 t habituellement utilisés sur ce marché recourent au contreplaqué. Leur charge utile culmine à 800 kg, ce qui est très limité. Nous avons donc développé une caisse monocoque et autoportante, qui apporte une légèreté et résistance. La charge utile croît de 50 %, soit environ 1 200 kg, voire plus* ». Pour mener à bien son projet, Raphaël, ancien financier, a racheté les actifs de deux sociétés en août 2013 et s'est lancé dans l'aventure entrepreneuriale avec ses deux associés, l'un plutôt porté sur le commercial, l'autre sur la technique. « *Je suis pour ma part à l'aise avec la gestion et le management des hommes. J'ai donc structuré l'entreprise en termes de capital, de dettes, de subventions, etc., suivant un business plan établi avec mes associés. Mais au fil des mois, nous nous sommes rendu compte que nous avions surestimé la montée en puissance. J'avais sous-capitalisé le projet… Je pensais avoir repris une activité, alors que j'avais monté une start-up industrielle* », reconnaît-il.

Objectif : 650 000 euros

Branle-bas de combat ! En février 2014, Raphaël Baudet est contraint de revoir sa politique commerciale, car il fallait investir davantage, notamment dans une force commerciale. Or les banques n'accueillent pas favorablement les entrepreneurs qui ont besoin de fonds pour des investissements immatériels… « *En août, je me suis retrouvé face à un mur. Il nous restait cinq mois avant d'être à sec financièrement ! Or nous avions besoin de 650 000 euros. C'est beaucoup, mais c'est un très beau projet ; notre concept de charge utile est le meilleur d'Europe, voire du monde. Ma seule solution était le financement alternatif. Je connaissais déjà le crowdfunding, car j'aime tout ce qui est nouveau, et j'en avais parlé à mes associés déjà quelque temps auparavant. Mais ils n'y croyaient pas* », explique-t-il. Jusqu'à cette rencontre fortuite en ce même mois d'août 2014 avec Jean-Charles Cotin, qui venait de fonder une plateforme d'*equity* crowdfunding basée à Villeurbanne : AB Funding. « *Mon projet parlait beaucoup à Jean-Charles Cotin, qui a longtemps travaillé chez Renault Trucks*, reprend-il. *Il a très rapidement accepté de nous aider à monter notre campagne. Le fait qu'il connaisse bien mon secteur d'activité a permis de gagner du temps. Il m'a en outre été de grand conseil dans la mise en place de la stratégie commerciale. Sa proximité et le fait de pouvoir échanger en direct avec lui ont aidé aussi à accélérer la cadence. Le nouveau business plan a été monté en septembre, la plateforme ouverte d'octobre au 21 novembre, et nous disposions des fonds le 15 décembre !* »

Un gain de temps considérable

Grâce à la forte implication d'AB Funding, la campagne a tenu ses promesses : 510 000 euros ont été levés sur les 650 000 de l'objectif de départ. Jean-Charles Cotin a mis d'importants investisseurs *via* son réseau de *business angels* en contact avec Raphaël Baudet. Il a ainsi organisé tout au long de la campagne des réunions de présentation du crowdfunding en général et du projet de Solight en illustration, en Haute-Loire comme à Lyon. « *À l'issue de l'une de ces réunions, j'ai pu rencontrer d'anciens entrepreneurs ayant réussi et nourrissant l'envie d'aider d'autres créateurs d'entreprise. Mais à une condition : voir la société. Ils sont donc venus à Sainte-Sigolène et ont été convaincus. Nous étions alors à deux jours de la clôture de la campagne et n'avions levé que 210 000 euros… Après cette visite, ces quelques investisseurs, séduits par le projet, ont choisi d'investir 300 000 euros !* », se réjouit-il. Un pacte d'actionnaires a été signé avec eux et un comité de pilotage formé, composé d'ex-entrepreneurs. « *C'est à la fois rassurant et important pour un chef d'entreprise, qui est souvent seul. Nous échangeons une fois par trimestre, ils me donnent des conseils. Certains petits investisseurs m'ont aussi ouvert leur réseau, comme ce contributeur qui avait ses entrées chez Ford. J'ai ainsi pu accroître mon réseau commercial. Nous avons gagné des mois grâce à ces mises en relation. C'est l'un des aspects les plus positifs du crowdfunding ! Quant aux investisseurs, je leur permets de vivre, à nos côtés, une aventure entrepreneuriale grâce à une communication trimestrielle.* »

Une croissance à deux chiffres

Sans ce mode de financement alternatif, Raphaël Baudet le reconnaît sans ambages : « *Nous serions au fond du trou. Désormais, de sept personnes, nous sommes passés à vingt fin 2015, dont trois (contre aucune auparavant) pour la force commerciale. La stratégie commerciale a été rebâtie et déployée grâce aux fonds levés, et notre croissance est à deux chiffres : en 2013, nous vendions trois véhicules par mois, sept en 2014, et quinze, voire vingt en 2015.* » Solight a vingt-cinq partenaires carrossiers en France qui promeuvent les véhicules et les vendent. Les clients sont des loueurs et des concessionnaires qui vendent les Cubs à des transporteurs, messageries, sociétés de déménagement, blanchisseries, centres hospitaliers, entre autres. Ces derniers, pour qui l'hygiène est primordiale, sont séduits par le fait que ces véhicules peuvent être lavés tous les jours, contrairement à ceux dont la carrosserie est en contreplaqué. « *Il est de plus en plus difficile d'être visible sur ces sites de crowdfunding, car ils regorgent de projets*, remarque Raphaël. *Le risque est de tomber dans l'anonymat. Bien sûr, il faut communiquer : j'ai consacré 2 000 euros au tournage d'un petit film de présentation. En une minute, il faut donner envie, convaincre, car les internautes zappent très vite ! Surtout, quand l'argent est vraiment critique pour la survie d'un projet, il faut trouver une plateforme qui suscite la confiance, et bien s'entendre avec celui qui prend en charge la campagne. Idéalement, cette personne doit vraiment s'approprier le projet et le mettre en avant. Il ne faut pas se tromper de partenaire.* »

« Le crowdfunding peut se mettre aussi au service de l'agriculture »

À partir du printemps 2016, la fromagerie « Le Trèfle d'Auge », située à Guerquesalles (Orne), en plein pays de Camembert, devrait vendre ses fromages éponymes au public. Ce projet de reconversion professionnelle de Stéphanie Cassigneul a été rendu possible en partie par le crowdfunding.

Stéphanie Cassigneul, jeune quadragénaire d'origine normande de formation agricole et travaillant dans le secteur para-agricole, nourrissait depuis plusieurs années le souhait de s'installer dans sa région de naissance en tant qu'agricultrice. « *Je ne voulais toutefois pas le faire n'importe comment et surtout pas me contenter de livrer du lait en laiterie dans les conditions que l'on observe depuis une dizaine d'années*, souligne-t-elle. *Je souhaitais aller jusqu'au bout de la démarche, en transformant la matière première moi-même afin de fabriquer mes propres fromages. Aujourd'hui, des prétendus "camemberts" sont fabriqués en Chine ! Je voulais m'installer dans un secteur AOP[1], où la pérennité du savoir-faire est primordiale.* » En 2013, Stéphanie s'est rapprochée d'un exploitant laitier de Guerquesalles, l'une des communes limitrophes de Camembert, qui souhaitait céder à terme son entreprise. Son but ? Créer de toutes pièces une fromagerie dans l'exploitation laitière existante. Après de longs mois de démarches notamment administratives, la nouvelle société a enfin été créée en septembre 2015. Pour se lancer, la jeune femme a naturellement eu besoin de fonds : « *Malheureusement, pour prêter, les banques exigent d'abord un apport personnel considérable. Ce que je n'avais pas suffisamment. Je me suis donc tournée vers le crowdfunding pour m'aider à démarrer.* »

Un choix de plateforme avisé

En choisissant ce mode de financement, Stéphanie ambitionnait non seulement de lever des fonds, mais aussi de communiquer sur ses futurs produits et de faire connaître son projet. « *Pour fabriquer du camembert, il faut une écrémeuse, matériel que je me devais donc d'acquérir en premier lieu* via *le coup de pouce du financement participatif. Cet appareil indispensable coûte entre 15 000 et 20 000 euros. Pour la campagne, j'ai cependant fixé un objectif de 10 000 euros, car la moyenne des montants obtenus sur la plateforme que j'avais choisie, MiiMOSA, se situait entre 5 000 et 10 000 euros* », précise-t-elle. Pourquoi cette plateforme-là en particulier ? « *Elle est spécialisée dans l'agriculture ! Au départ, j'avais envisagé de solliciter MyMajorCompany, mais en y regardant d'un peu plus près, j'ai vu que les projets qu'ils soutenaient étaient souvent artistiques. Il allait sans doute être compliqué de faire passer mon projet agricole auprès de leurs contributeurs… J'ai donc effectué d'autres recherches et identifié MiiMOSA, qui a su parfaitement de quoi je parlais.* » La campagne de quarante-cinq jours a démarré fin juin 2015 pour se clôturer le 1er août. Stéphanie, qui avait déjà quitté son précédent poste, a ainsi pu se consacrer pleinement à l'animer.

1 Appellation d'origine protégée.

Un effet boule de neige

Comme souvent dans le crowdfunding, le démarrage a été assez fort, suivi d'une période un peu creuse, avant une accélération lors des derniers jours de la campagne : « *J'ai sollicité mes proches au départ, ce qui a permis à mon projet de se situer au-dessus de la courbe d'évolution moyenne. Mais on ne sait jamais comment les choses vont évoluer. Parfois, il ne se passait rien pendant deux ou trois jours, c'était un peu angoissant. Il a fallu alors relancer la machine. Une fois le premier cercle agrégé, c'est-à-dire les proches, on ne connaît souvent plus les contributeurs, car il s'agit des propres contacts de ces derniers. Le tout produit un effet boule de neige. Au fur et à mesure, j'ai reçu des contributions de personnes qui m'étaient totalement inconnues, envoyées de toute la France ! J'ai aussi reçu de nombreux messages d'encouragement sur Facebook, où j'ai créé une page spéciale, qui est en lien avec ma page sur MiiMOSA. En tout, une soixantaine de contributeurs ont versé 7 565 euros.* » L'opération n'a cependant pas toujours été de tout repos, un nombre important de contributeurs refusant de verser l'argent par carte bancaire sur le site. Stéphanie a ainsi reçu beaucoup de dons en chèque ou en liquide. « *C'était à moi de faire ensuite la transaction sur MiiMOSA ! Cela m'a pris du temps et le versement d'un important montant a même bloqué ma carte bancaire, car j'avais atteint le plafond autorisé par la banque…* », s'amuse-t-elle. Au final, la jeune femme n'a qu'un seul regret : avoir lancé la campagne pendant l'été : « *Juillet ne me semble pas une période favorable pour motiver un maximum de contributeurs.* »

Des cartes postales personnalisées

Après la campagne de crowdfunding, Stéphanie a très rapidement touché les fonds. Elle a ensuite déposé le permis de construire pour aménager le bâtiment existant en fromagerie, sollicité les banques, et réalisé les devis pour l'achat du matériel. La prochaine grande étape : commercialiser ses premiers fromages au printemps 2016. L'agricultrice a beaucoup apprécié cette expérience d'un mode de financement moderne et convivial : « *C'est humainement enrichissant. Cela m'a par exemple permis de reprendre contact avec des personnes que j'avais perdues de vue. Cela m'a aussi demandé beaucoup d'énergie. MiiMOSA m'avait prévenue que ce n'était pas gagné, que j'allais devoir solliciter mon entourage et au-delà. Heureusement que je ne travaillais pas en même temps ! Si l'on est occupé à plein temps à autre chose, la campagne est perdue d'avance. Il faut contacter un maximum de monde, relancer toutes ces personnes par e-mail et par SMS, car même si elles ont promis de verser quelque chose, parfois elles oublient ou remettent cela à plus tard.* » En fin de campagne, vient le temps des contreparties et des remerciements. Pour prouver à chaque donateur sa gratitude, Stéphanie a fait réaliser des cartes postales par un graphiste, qu'elle a ensuite envoyées. « *Ce dernier m'a aussi aidée à illustrer mon "mur des donateurs" : il a dessiné une magnifique tête de vache avec tous les noms des contributeurs. Je l'afficherai bientôt dans la fromagerie ; en attendant, je l'ai mise sur ma page Facebook ! J'ai vraiment pris du plaisir à travailler sur cette phase de remerciements. J'espère que toutes ces personnes deviendront un jour des clients. Si elles ont été séduites par mon projet, c'est qu'elles sont sans doute dans l'attente de ce type de produit.* »

« Le crowdlending a permis de financer l'enseigne de notre pharmacie en treize jours ! »

Grâce à près de cent prêteurs de la communauté de la plateforme de crowdfunding Unilend, une pharmacie des environs de Grenoble a pu s'offrir et faire installer une enseigne lumineuse. Cet outil de communication a permis d'augmenter sensiblement la fréquentation de l'officine de Valérie Hancy.

La pharmacie du village de Seyssins, une bourgade de près de sept mille habitants située dans l'Isère, sur les hauteurs immédiates de Grenoble, a été reprise en 2010 par Valérie Hancy. L'officine, qui est installée sur la place du village, en plein cœur de la commune, compte deux pharmaciens et deux préparatrices. Ses spécialités ? Le conseil de proximité en phytothérapie et le maintien à domicile. Depuis 2011, l'entreprise connaît une belle croissance de son chiffre d'affaires. En 2014, tout près de la Pharmacie du Village, plusieurs projets immobiliers d'envergure devaient se concrétiser, dont une clinique de cent quarante lits et la construction de quatre cent quarante logements neufs. Les premiers résidents étant attendus pour la fin de l'année, la commerçante a réfléchi à un moyen d'accompagner ses bons résultats économiques et d'accroître sa notoriété, notamment auprès des futurs arrivants. Pourquoi ne pas investir dans une enseigne lumineuse ? Pour l'acheter et la faire poser, Valérie avait besoin de 14 000 euros. Avec Raphaël, son mari, elle a commencé logiquement par se tourner vers les établissements bancaires, dont l'actuel. « *Malheureusement, ils ont eu une approche peu professionnelle,* regrette-t-il. *J'ai donc eu l'idée de recourir au crowdfunding. Pourquoi ne pas devenir à notre tour porteurs de projet ? J'avais déjà participé à quelques campagnes sur Unilend, en tant que prêteur. Historiquement, j'ai découvert ce mode de financement parce que je voulais que mon argent serve à quelque chose. Je trouve que ça a du sens d'investir de cette façon, même si c'est à la marge, plutôt que de déposer son épargne sur un Livret A...* »

Rapidité et fiabilité

L'expert-comptable de la pharmacie a été consulté et a approuvé l'initiative des Hancy, qui ont ensuite sélectionné une plateforme : « *Notre choix s'est porté sur Unilend, car outre le fait que j'avais déjà été prêteur sur leur plateforme, je les trouvais très sérieux. Par exemple, ils n'acceptent que les projets de financement de sociétés ayant déjà eu au moins trois exercices fiscaux.* » Pour lancer le projet, Raphaël a commencé par demander une dérogation à Unilend, qui *a priori* n'acceptait que des dossiers de 25 000 euros au minimum. Les responsables de la plateforme n'ont pas hésité longtemps avant d'accepter, car cette configuration était nouvelle pour eux (montant, métier de l'emprunteur). Une fois la dérogation accordée, le porteur de projet et la plateforme ont échangé sur le montage du dossier. Tout est allé très vite : « *J'ai vraiment apprécié leur approche, notamment du point de vue commercial, et en termes de tenue des délais. La rapidité du processus m'a très agréablement surpris. Une fois que je leur ai envoyé toutes les pièces justificatives, comme les états fiscaux, le bilan comptable, le descriptif du projet, etc. — ce qui m'a demandé pas mal de travail... — il ne leur a fallu que quelques jours pour monter le dossier ! Tout m'a paru bien plus simple, plus professionnel et, surtout, plus fiable. En tout il a fallu treize jours entre la réception du dossier pour analyse par Unilend et le versement de fonds sur le compte en banque.* »

Une centaine de prêteurs

Programmée en septembre 2014, la campagne n'a duré que cinq jours. Si Raphaël et Valérie Hancy ont sollicité leurs proches, ce sont à 99 % les prêteurs de la vaste communauté Unilend qui ont investi des fonds. En tout, quatre-vingt-dix-huit personnes ont contribué. « *Nous avons suivi la campagne sur le Web et obtenu les 14 000 euros dès le premier jour*, se souvient-il. *À l'ouverture de la souscription, les offres peuvent atteindre des sommes avec des taux d'intérêt jusqu'à 10 % du total, ce qui est très élevé. Ensuite, un système d'enchères se met en place jusqu'à la clôture de la campagne, où les plus offrants l'emportent.* » La somme obtenue, dont a été déduite une commission fixe d'Unilend, a été virée très rapidement sur le compte de la pharmacie, avec un taux d'intérêt moyen pour les préteurs de 4,8 %. « *C'est l'un des travers du crowdfunding : cela coûte un peu cher et il faut bien entendu verser des traites mensuelles pour rembourser le prêt*, souligne-t-il. *Si la banque avait eu une approche plus professionnelle vis-à-vis de notre projet, nous n'aurions sans doute pas eu recours à ce type de financement. Il faut aussi noter que les plateformes de financement participatif n'exigent pas de caution ou de garantie sur le prêt, contrairement aux banques. C'est là un réel avantage.* »

Une question de temps

Les devis des prestataires — ERDF, l'électricien de la commune et un enseigniste — étant déjà prêts, Valérie Hancy a pu commander l'enseigne très rapidement après l'obtention des fonds. Au cours du dernier trimestre de 2014, l'enseigne lumineuse a donc été installée sur un lampadaire à l'entrée de la place du village : outre l'animation spécifique aux croix de pharmacie, elle indique aussi les horaires d'ouverture, la température et diffuse des messages de conseil de santé : par exemple, elle a permis de rappeler pendant l'été 2015 l'importance de s'hydrater par temps de canicule ou de fortes chaleurs. Cet outil de communication a rapidement drainé du monde et notamment des clients de passage, souligne Raphaël Hancy, qui conseille à tous ceux qui voudraient faire financer leur projet de « *prendre le temps de la réflexion. Il faut notamment bien examiner le coût total du crédit, pas seulement les taux d'intérêt. Attention aussi à s'assurer en amont de pouvoir honorer les traites demandées par la plateforme. Sinon, on risque le défaut de paiement, or la sanction encourue est aussi sévère que s'il s'agissait d'une banque ! En tout cas, si c'était à refaire, je n'hésiterais pas. Je suis surpris que ce mode d'investissement, qui donne du sens a son épargne, n'ait pas plus de succès que cela auprès des prêteurs. Peut-être leur semble-t-il risqué… Pourtant, si on dilue bien son épargne, ça ne l'est pas. C'est sans doute juste une question de temps avant que les choses ne décollent vraiment* ».

« La campagne de crowdfunding a permis la validation marché de notre objet connecté »

Leur campagne de crowdfunding a obtenu le meilleur résultat jamais enregistré par une start-up high-tech en France ! Avec Wistiki, un petit objet connecté spécial têtes en l'air et autres étourdis, les frères Lussato ont séduit des milliers de contributeurs puis des business angels. *Aujourd'hui, ils ambitionnent un déploiement à l'international.*

À l'origine de Wistiki, il y a un chat. Celui de trois frères : Bruno, Théo et Hugo Lussato. « *Il se cachait partout dans notre appartement et souvent, nous le cherchions pendant des heures avant de découvrir enfin où il s'était niché*, sourit Théo, directeur commercial et communication de Wistiki. *Pour nous, il était incroyable qu'il n'y ait aucun moyen au XXI*e *siècle de retrouver son animal de compagnie ou des objets du quotidien, rapidement et de façon high-tech.* » C'est ainsi qu'en 2012, la fratrie a eu l'idée originale de créer un objet connecté pour permettre de retrouver facilement ses affaires. Il s'agit d'un boîtier design de 8 g et de 5 mm d'épaisseur qu'on peut attacher ou coller sur ses clés, son portefeuille, le doudou de ses enfants, etc. Ce badge communique en Bluetooth avec un smartphone ou une tablette. Les trois frères ont des profils très complémentaires, ce qui leur semblait idéal pour s'associer et se lancer dans l'aventure entrepreneuriale. « *Je suis diplômé de l'Edhec, donc avec un profil commercial ainsi que des affinités avec la communication. Notre plus jeune frère, Hugo, a fait Centrale Lyon et a donc un profil d'ingénieur très technique. Enfin l'aîné, Bruno, a fait la même école que moi. À ses compétences commerciales s'ajoute un goût pour la finance* », explique-t-il. Une fois l'idée trouvée, les frères Lussato ont commencé par valider le besoin du grand public pour leur invention. Du jeune technophile à la mère de famille, du cadre pressé au retraité ou à la personne handicapée, cet objet leur semblait parler à tout le monde.

Un objet *made in* France

Une fois cette étape validée, est venu le tour de la possibilité technique. « *Nous avons élaboré le premier Wistiki en partenariat avec Centrale Lyon, où travaillent des laboratoires labellisés CNRS. Mission réussie. Il ne restait plus qu'à valider notre intuition que cet objet répondait vraiment à un besoin. Et pour cela, quoi de mieux que le crowdfunding ? C'est en effet le meilleur moyen de faire connaître une idée et de la confronter au grand public ! Certes, l'aspect financier importait aussi, mais ce n'était pas le plus important* », révèle-t-il. Pour lancer leur campagne, les frères Lussato ont opté pour une structure française, bien que la tentation soit forte pour une start-up high-tech de se tourner vers une plateforme américaine comme Kickstarter ou Indiegogo : « *Nous avons choisi MyMajorCompany car nous voulions fabriquer en France. En outre, il nous semblait stratégique de viser d'abord le marché français au lieu de nous disperser à l'international.* » Fin 2013, la campagne de quatre-vingt-dix jours est lancée. Objectif ? Lever 20 000 euros pour démarrer l'industrialisation. Contrepartie : des Wistiki bien sûr. Au bout du compte, c'est un succès sans précédent pour une start-up high-tech en France : le trio a reçu 81 000 euros de la part de près de mille cinq cents contributeurs ! Il était clair que Wistiki « parlait » bien aux Français.

Communiquer avant tout

Toute campagne de crowdfunding se prépare. « *Il faut d'abord s'assurer qu'on sera capable de livrer ce qu'on s'est engagé à fabriquer*, insiste Théo. *Il faut ensuite créer la page dédiée sur le site de crowdfunding, et surtout tourner une vidéo, pour expliquer ludiquement le concept de la société. Faire un film de quatre-vingt-dix secondes est très chronophage, surtout quand les moyens sont modestes. Puis est venue une phase très importante : la communication.* » C'était un défi important à relever étant donné l'impact majeur de cette étape. Même si MyMajorCompany est l'un des leaders du crowdfunding en France, avec beaucoup de trafic, il faut communiquer tous azimuts. « *Nous avons commencé par activer nos réseaux personnels, ce qui a permis d'avancer modestement, avant de lancer un vaste plan de communication en ciblant ce qui nous coûterait le moins cher : la presse. Nous avons appelé énormément de journalistes, fait des interviews toute la journée et obtenu une centaine d'articles. Puis s'est produit un effet boule de neige quand d'autres journalistes ont repris les informations pour les diffuser à leur tour.* » Autre incontournable d'une campagne de crowdfunding réussie : répondre rapidement aux demandes et se remettre en question en permanence. Cela permet d'optimiser sa page et son projet, qui est souvent au stade de la conception et peut donc être encore modifié.

Leader du marché

Le crowdfunding est générateur de belles rencontres. Pendant la campagne, les créateurs de Wistiki ont reçu des centaines de messages d'internautes, leur donnant des conseils et précisant ce qu'ils voulaient. Certaines de ces remarques les ont aidés à faire évoluer le produit. « *Une question est souvent revenue : comment retrouver son objet si l'on perd son téléphone ? C'était effectivement très pertinent ! Pour pallier ce problème, nous avons ajouté un bouton sur la face avant du Wistiki sur lequel on appuie pour faire sonner et donc localiser son smartphone ou sa tablette.* » La belle somme levée lors de la campagne a apporté une forte crédibilité au projet. Des *business angels* ont montré qu'ils avaient foi en Wistiki en investissant 225 000 euros. « *Cela a permis d'industrialiser le produit dans l'Hexagone. Nous l'avons ensuite référencé dans la grande distribution pour un lancement en novembre 2014. En deux mois, 50 000 unités ont été écoulées, faisant de Wistiki le leader des objets connectés en France !* » Début 2015, une nouvelle levée de fonds, cette fois de 1,5 million d'euros, a été menée auprès d'investisseurs privés. La start-up compte désormais une vingtaine de collaborateurs et cible un déploiement à l'international. « *Le crowdfunding a été une phase très importante de notre parcours*, analyse-t-il. *Cela nous a donné beaucoup d'énergie, car recevoir autant de messages des internautes motive beaucoup. Souvent, en tant que créateur, on se retrouve seul face aux problématiques ; on doit prendre des décisions tous les jours et on est déconnecté du terrain. Recevoir une telle vague d'encouragements peut s'avérer moteur quand on démarre.* »

« La campagne a permis de faire une étude de marché gratuite »

Ce drôle de cube a remporté la médaille d'argent au concours Lépine 2015… C'est grâce au crowdfunding qu'Inside³, créé par l'ingénieur Romain-Guirec Piotte, est devenu réalité en 2013. Un jeu design et pointu, 100 % made in France, qui rend fous ses nombreux aficionados.

C'est un labyrinthe placé dans un cube opaque, sur la surface duquel se promène une bille, qu'il faut guider jusqu'à la sortie. Un jeu d'exploration, véritable casse-tête et digne successeur du fameux Rubik's Cube… « *J'ai eu l'idée du concept d'Inside³ il y a une quinzaine d'années, mais je n'avais pas les moyens de fabriquer un prototype*, se souvient Romain-Guirec Piotte, ingénieur de formation et professeur de mathématiques. *Puis en 2012, je me suis présenté au concours Lépine pour une tout autre invention. J'y ai fait deux rencontres importantes : une personne m'a parlé du crowdfunding tandis qu'une autre m'a montré des logiciels de modélisation 3D. J'ai vu qu'ils n'étaient pas compliqués à manier. À la même époque, j'ai aussi lu un article sur les imprimantes 3D. J'ai vite compris que je pourrais faire un prototype du cube pour une centaine d'euros seulement.* » Si l'idée du crowdfunding a tant séduit Romain, c'est qu'il n'avait aucune envie de solliciter les banques. De plus, pas entrepreneur pour un sou, il souhaitait simplement donner vie à son objet, et partager son invention avec des *geeks* et autres technophiles qui adorent les nouveautés. Notre inventeur s'est tourné vers la plateforme Ulule pour lancer sa campagne de crowdfunding, organisée en 2013.

Du pouvoir de Twitter

« *Nous avions besoin de 40 000 euros pour fabriquer les quatre premiers cubes. La campagne a duré quatre-vingt-dix jours, ce qui n'était pas une bonne idée. Mais mes partenaires et moi n'avons pas écouté les conseils d'Ulule… En fait, le crowdfunding marche bien la première semaine, puis la dernière. Entre les deux, on parle de "ventre mou"* », observe-t-il. L'équipe du cube ne connaissait personne dans la presse et a donc eu beaucoup de difficultés en termes de communication. Cependant, la dernière semaine, un *tweet* de l'acteur Alexandre Astier accompagné d'une photo le montrant avec le cube a permis de relancer très fortement la machine. « *Ulule a aussi parlé de nous dans sa newsletter à ce moment-là, ce qui nous a beaucoup aidés. Au bout du compte, nous avons levé 68 000 euros, dont 20 000 provenaient de l'entrée au capital de deux personnes, dont une est devenue très importante : elle réalise désormais le design, le graphisme et l'emballage ! Et pendant la levée de fonds, nous avons participé à un salon avec Ulule, ce qui nous a permis de trouver un distributeur. Nous avons vraiment eu de la chance !* » La réussite de cette campagne a toutefois obligé Romain à créer une entreprise : « *Le crowdfunding induit de tout faire comme si on montait une société, business plan compris. La campagne a aussi permis de faire une étude de marché gratuite. Le grand avantage, c'est qu'on ne prend pas de risque ! Au contraire, nous avons fait des préventes et pas eu à emprunter d'argent.* »

30 000 cubes vendus

Grâce aux fonds levés, l'équipe d'Inside³ a réalisé non pas quatre, mais six modèles, correspondant à autant de niveaux de difficulté. Et pendant la première année d'exploitation, en 2014, dix mille à douze mille cubes ont été vendus. Rapidement, Romain s'est rendu compte que s'il voulait élargir le cercle des adeptes de son jeu au grand public, il fallait aussi créer des modèles plus simples. De plus, la fabrication était un peu trop onéreuse pour une distribution en dehors de l'Hexagone. « *La production d'un cube coûtait 3 euros, ce qui n'est pas un problème pour notre distributeur français, mais rebutait les distributeurs internationaux, qui nous ont conseillé de faire fabriquer en Chine. Or nous voulions que le cube reste* made in *France. Pour pouvoir sortir six nouveaux modèles — trois simples et trois plus compliqués — et réduire les coûts, nous avons donc lancé une seconde campagne de crowdfunding toujours sur Ulule, mais cette fois sur six semaines, de fin mai à début juillet 2015,* précise-t-il. *Cette fois, c'était plus calculé, nous avons agi comme une entreprise déjà existante. Nous avions un portefeuille clients et les gens nous connaissaient. Surtout, nous avons beaucoup communiqué !* » Résultat : sur un objectif de 20 000 euros, Inside³ en a levé 62 000. Les modèles spécial grand public ont été créés et le coût de la fabrication est inférieur à 2 euros. En tout, trente mille cubes ont été vendus depuis le début.

Un produit original

Aujourd'hui, les ventes augmentent et le retour client s'avère excellent : « *Nous avons validé les six nouveaux modèles, l'expédition à cent cinquante magasins et aux particuliers a été réalisée en novembre. En janvier 2016, nous serons à Nuremberg, où se déroule chaque année le plus gros salon mondial du jouet. En 2014, nous y étions allés en touristes, là nous aurons un stand. Cela va nous permettre de rencontrer des distributeurs internationaux.* » En plus de leur implication dans l'entreprise, Romain et ses trois associés ont tous un emploi à temps plein. Pour le moment. Le cube leur prend en effet une grande partie de leur temps libre. Il faut notamment animer la communauté qui s'est créée autour de ce jeu. « *Déjà, pendant la première campagne, j'avais répondu un par un à chacun des mille premiers contributeurs. Les interactions avec les fans m'amusent beaucoup. J'adore cette partie création et échange avec eux. Certains nous aident même à valider les cubes et nous donnent des idées. Ce sont de véritables aides de camp !* », s'amuse-t-il. Sans le crowdfunding, rien de tout cela n'aurait été possible. Mais attention, se contenter d'être sur la plateforme sans rien faire de plus ne suffit pas pour réussir : « *Aujourd'hui, il me semble difficile de lever des fonds si on n'a pas d'équipe, si on ne connaît personne dans la presse par exemple. Et si on doit trouver au moins mille contributeurs, ce qui était notre cas, il faut absolument avoir un produit original. En tout cas, le crowdfunding permet à tous les projets de gagner en crédibilité.* »

« Le crowdfunding ne s'improvise pas »

En 2014, Georges Viana, président de Jeannette (Caen), a levé près de 500 000 euros en deux campagnes de crowdfunding organisées sur la plateforme Bulb in Town. Le but ? L'aider à recréer de zéro une biscuiterie centenaire récemment liquidée. Un pari en passe d'être relevé.

« *J'ai longtemps travaillé en entreprise, notamment chez Suez Lyonnaise des Eaux, puis CGI, une SSII canadienne, en tant qu'intrapreneur. Je me suis spécialisé dans le redressement de filiales, de divisions ou encore d'entreprises de clients en difficulté, surtout à l'étranger, par exemple en Inde.* » Pas étonnant, donc, qu'une fois loin du salariat, Georges Viana se soit senti l'âme d'un repreneur d'entreprise. Fin 2013, la situation désespérée des derniers salariés de Jeannette — la fameuse biscuiterie normande créée en 1850 — occupant leur usine pour empêcher la vente aux enchères du matériel, éveille son attention. L'idée lui vient de reprendre non seulement la marque, mais aussi les locaux. « *Pour moi, l'entreprise a une vocation citoyenne. Je voulais sauver l'emploi local. J'ai monté un projet de fabrication de madeleines haut de gamme, mais la société ayant été entièrement liquidée en décembre 2013, le tribunal de commerce s'est retrouvé face à un cas inédit qu'il n'a pas su gérer. Il n'y avait qu'une solution : repartir de zéro en créant une nouvelle entité qui reprendrait la marque, le matériel et les locaux* », se rappelle-t-il. En visitant l'usine, Georges Viana déchante vite : les rats ont infesté les lieux en état de délabrement et le matériel est très ancien et pas optimal pour son projet. Ses calculs annoncent la somme de 2 millions d'euros pour installer une ligne de production aussi performante que les trois précédentes. « *Ce n'était pas dans mon budget...* »

Mission impossible

Loin de se laisser démonter, Georges Viana frappe à la porte du ministère de l'Économie et des Finances, qui promet son aide *via* Bpifrance : des clauses suspensives sont ajoutées au prêt pour proposer une offre de reprise au tribunal de commerce. « *Puis j'ai sollicité les banques qui ont refusé de me recevoir ou annoncé que le prêt demandé était démesuré par rapport à mon apport d'environ 200 000 euros. Autre mauvaise nouvelle : Bpifrance n'a finalement pas pu m'aider, car l'entreprise devait avoir au moins trois ans d'existence. Or Jeannette était déjà liquidée...* », poursuit-il. Résultat : en juillet 2014, toujours aucun financement à l'horizon et une offre de reprise caduque. C'est alors que l'idée du crowdfunding avec contreparties lui est soufflée. Mais pour récolter 2 millions d'euros, cela semble mission impossible... « *En outre, d'après les banquiers, non seulement Jeannette n'intéressait plus les gens, mais en plus je n'aurais aucun client avant six mois après le lancement !* » Heureusement, une autre biscuiterie normande soutient Georges Viana dans sa stratégie et le conseille sur le choix du matériel : « *Pour faire des madeleines haut de gamme, l'achat d'une ligne semi-artisanale, évaluée à 600 000 euros, ferait parfaitement l'affaire. Ce qui a changé la donne financière !* »

2 000 contributeurs

L'idée du financement participatif trotte dans la tête de notre entrepreneur. Cela permet non seulement de récolter des fonds, mais aussi de faire une étude de marché pour convaincre de la notoriété de la marque le tribunal de commerce, auprès duquel une nouvelle offre a été déposée pour un jugement en novembre 2014. « *Après avoir cherché une plateforme, j'ai fini par choisir Bulb in Town. L'objectif de 4 000 euros fixé par ces derniers ne me convenant pas, j'ai convaincu le patron de me laisser en demander 50 000. Or jusque-là, leur record était 19 000 euros pour une maternité aux Lilas. J'ai aussi demandé que les fonds récoltés soient remboursés aux contributeurs si la marque ne m'était finalement pas attribuée* », continue-t-il. Le 9 septembre 2014, la campagne de quarante jours est lancée, après un mois d'août entièrement consacré à la préparation. Un travail titanesque qui porte ses fruits. « *En une semaine, nous avons obtenu 10 000 euros ! Puis le rythme a ralenti et j'ai relancé le mouvement en sollicitant les médias. Cela a fait tache d'huile et au final, les 50 000 euros ont été récoltés en trente jours. Comme il restait du temps, nous avons poursuivi et au bout d'un mois de plus, nous avons reçu de nouveau la même somme. Soit 100 000 euros de deux mille contributeurs en tout !* »

Un vrai projet

Si le succès de la campagne montre au tribunal que Jeannette a un avenir, il attire aussi les prédateurs, qui veulent juste racheter la marque. Or le liquidateur judiciaire est intéressé par le plus offrant, dont l'un propose 120 000 euros. La forte médiatisation autour de la campagne de Georges Viana fait cependant pencher la balance vers son projet : il obtient donc la marque, miracle sans doute impossible sans le crowdfunding. « *Bulb in Town a alors proposé de m'accompagner dans une seconde campagne, cette fois en capital* (equity)*. J'ai accepté à condition de garder le contrôle de la société, notamment sur le plan stratégique. Objectif de ce second "round" lancé en avril 2015 : 150 000 euros. Cela a été difficile. La plupart des contributeurs étaient des retraités. Le ticket d'entrée de 300 euros en a rebuté certains, sans compter les obstacles administratifs, dont la réglementation AMF et le téléchargement de documents personnels. Beaucoup de dons ont été perdus à cause de cette lourdeur* », regrette-t-il. Au bout d'un mois, Georges Viana n'ayant reçu que 75 000 euros, il rejoue la carte du réseau. Mais un autre frein l'empêche d'avancer : l'absence de local ne rend pas le projet assez concret. Et les premiers contributeurs se manifestent, ne croyant plus à l'aventure Jeannette. Quand finalement, un propriétaire enthousiasmé accepte de lui louer son bien, la campagne se débloque. En juin, les compteurs affichent 337 000 euros ! Cerise sur la madeleine, ces fonds permettent à Georges Viana d'obtenir un prêt de 250 000 euros auprès du Crédit coopératif. Aujourd'hui, la biscuiterie emploie huit salariés et la commercialisation a été lancée en septembre 2015. À court terme, l'exportation est en vue. « *Sans le crowdfunding, je n'en serais pas là,* estime-t-il. *Mais attention : cela ne fonctionne que si l'on a bien préparé son dossier, ce qui demande beaucoup de temps et d'énergie. Il faut aussi bien choisir sa plateforme, puis être actif tout au long de la campagne, répondre aux messages des contributeurs et aux sollicitations. C'est un vrai projet qui ne s'improvise pas !* »

« La valeur sociale du projet a amplifié la viralité de la campagne »

Permettre aux personnes en fauteuil roulant comme elle de se déplacer aussi librement qu'elles le souhaitent : tel est le principe de Wheeliz, une plateforme de mise en relation de particuliers dotés de véhicules aménagés que Charlotte de Vilmorin, 25 ans, a montée en 2015 grâce au crowdfunding.

Au départ, il y a une jeune femme au caractère déterminé et étonnant, qui confie depuis quelques années à la Toile sur son blog, Wheelcome, « [ses] itinéraires de jeune Parisienne en fauteuil roulant ». Diplômée d'une école de commerce, Charlotte de Vilmorin ne peut plus bénéficier de la prise en charge des élèves et étudiants souffrant de handicap proposée par le Stif[1], si elle accepte la proposition d'embauche d'une agence de publicité où elle a été stagiaire. Incapable d'autofinancer le coût du transport domicile-travail par chauffeur, Charlotte est contrainte de refuser cette opportunité. Comment aller travailler en dépit de son handicap ? Cette quête bien en tête, elle décide en 2014 de se lancer dans l'entrepreneuriat avec une idée qu'elle qualifie d'évidente : pourquoi ne pas créer un service de location entre particuliers de véhicules aménagés pour les personnes handicapées ? Avec son associé Rémi, elle crée Wheeliz. Une belle idée qui a juste besoin d'un financement pour éclore et devenir réalité. « *Nous voulions recourir au crowdfunding non seulement pour obtenir des fonds, mais aussi pour vérifier que la solution apportée au besoin identifié était bien réelle. Cela parlait-il aux gens ? Le projet pouvait-il fédérer suffisamment pour démarrer rapidement ?* », raconte-t-elle. Le duo estime ses besoins à 40 000 euros, ce qui doit lui permettre de développer le site et d'avoir un matelas de sécurité, nécessaire pour tenir pendant les premiers mois du lancement de l'activité.

Un projet fédérateur

Charlotte et Rémi se tournent vers KissKissBankBank pour en obtenir 15 000 : « *J'avais déjà pas mal d'amis ou de connaissances ayant fait des campagnes qui s'étaient très bien passées sur ce site. Et j'avais l'impression qu'il était le plus suivi, notamment par les médias et les blogueurs influents. Un relais médiatique idéal pour faire connaître notre campagne !* » Pourtant, pour la plateforme, l'objectif de 15 000 euros semble élevé pour un site web. D'après elle, les sites internet se font très mal financer en raison de la culture du gratuit, du libre d'accès, de l'*open source*, etc., qui leur colle à la peau. KissKissBankBank a connu plusieurs échecs en la matière par le passé et conseille donc à Charlotte et à Rémi de réviser à la baisse leurs prétentions. Après avoir beaucoup hésité, ils décident finalement de tenter quand même le coup. « *Nous avons très bien fait, car nous avons obtenu notre financement en une semaine alors qu'on s'était donné un délai de quarante jours pour la campagne ! Le projet a fédéré énormément de gens. On a même dépassé notre objectif et atteint près de 22 000 euros début janvier 2015 ! On était si heureux de voir que le projet plaisait, qu'il mobilisait des personnes très différentes, voire indirectement concernées par la problématique à laquelle on répondait. Ils avaient juste envie de nous soutenir parce que pour eux, Wheeliz est un projet de société.* »

1 Syndicat des transports d'Île-de-France.

Le pouvoir de la vidéo

À noter, la viralité exceptionnelle dès le lancement de la campagne : « *Cela marche en cercles concentriques : le réseau s'élargit d'un degré à chaque fois. Après un démarrage sur notre page Facebook, nous avons choisi de ne communiquer que* via *mon blog, qui regroupe une large communauté de lecteurs. Le premier jour, ma sœur a participé, le lendemain son petit ami, le surlendemain le père de ce dernier, puis le jour d'après le patron de ce dernier, etc. À un moment, on perd complètement le fil et cela se propage ainsi, très efficacement !* » Comme le souligne Charlotte, une campagne de crowdfunding se prépare vraiment en amont : « *C'est un énorme travail car les internautes ne restent que quelques secondes sur la page de la campagne. Il faut être capable de les séduire tout de suite. Le texte doit être très percutant et les visuels attirer l'œil. La vidéo me semble très efficace ! Quand on prend le temps d'en visionner une, on regarde moins sa montre. On en apprend donc plus et on comprend le pourquoi du projet et de la campagne. Il faut donner la sensation aux contributeurs que sans eux, c'est impossible — ce qui est vrai — et que tout a été pensé et organisé, mais qu'il ne manque que la petite étincelle qui va donner vie au projet. C'est ce qui est le plus difficile à exprimer et à faire passer, mais c'est vraiment ce sur quoi il faut capitaliser, car c'est cela qui va donner envie aux contributeurs de participer et de soutenir le projet.* »

Gain de notoriété

Qui dit crowdfunding par les dons dit aussi contreparties. Dans le cas de Wheeliz, Charlotte et Rémi se sont rendu compte que ce n'était pas ce qui importait le plus aux contributeurs. Sans doute en raison de la forte valeur sociale de leur projet… « *Nous espérions pouvoir inclure dans la campagne des personnes pas forcément concernées par notre service. C'était tout l'enjeu : décloisonner, permettre et donner envie à tout le monde de participer. Quand un projet a une vocation sociale, les contributeurs participent parce qu'ils souhaitent que l'idée se concrétise, pas pour la contrepartie. Beaucoup de gens nous ont même dit de la garder ainsi que l'argent de celle-ci pour développer encore plus vite le projet !* » Au bout du compte, cette campagne de crowdfunding réussie a offert à Wheeliz une belle vitrine et l'a fait gagner en notoriété. Un aspect que Charlotte estime encore plus important que le gain financier : « *C'est ce qui permet de faire parler du projet, d'accélérer la campagne et de transformer les contributeurs en ambassadeurs. Il est très important de tous les remercier. Nous avons tenu à le faire individuellement, en envoyant à chacun un message personnalisé. Ils étaient si contents qu'on leur réponde qu'ils nous ont fait encore plus de publicité !* » À l'issue de l'aventure crowdfunding, Wheeliz est devenu un site internet, qui enregistrait en août 2015 sept cents inscrits et a trouvé un assureur. En attendant de lever des fonds et de se déployer à l'international…

INDEX

LES AUTEURS

Diplômé notaire et ancien banquier de gestion de fortune, **Arnaud Poissonnier** s'est reconverti à la microfinance en 2005. Il est le fondateur du site Babyloan, leader européen du crowdfunding de microcrédit. Expert en crowdfunding auprès du réseau APM, il est par ailleurs cofondateur des associations Finance Participative France et Finance Participative pour la Méditerranée. Il a notamment contribué à l'édiction du cadre législatif français sur le sujet.

Après le Skema Business School, **Beryl Bès** a travaillé pendant 15 ans dans la banque et l'assurance. Convaincue par l'extraordinaire potentiel du crowdfunding comme soutien au développement des entreprises, très impliquée en faveur de l'entrepreneuriat féminin, elle a créé la plateforme de financement sous forme de dons avec contrepartie MyAnnona en décembre 2014.

Chez le même éditeur

Jérôme Greff
MIEUX ACHETER
POUR BIEN VENDRE
De l'acheteur traditionnel
vers l'acheteur écoresponsable
EYROLLES

NICOLAS BUTTIN
BRIEUC SAFFRÉ
ACTIVER
L'ÉCONOMIE
CIRCULAIRE
COMMENT RÉCONCILIER
L'ÉCONOMIE ET LA NATURE
EYROLLES

Composé par STDI

Dépôt légal : janvier 2016
IMPRIMÉ EN FRANCE

Achevé d'imprimer le 13 janvier 2016
sur les presses de l'imprimerie *La Source d'Or*
63039 Clermont-Ferrand
Imprimeur n° 13411

PEFC/10-31-2008

Dans le cadre de sa politique de développement durable,
La Source d'Or a été référencée IMPRIM'VERT®
par son organisme consulaire de tutelle.
Cet ouvrage est imprimé - pour l'intérieur -
sur papier offset standard 90 g
provenant de la gestion durable des forêts,
produit par des papetiers dont les usines ont obtenu
les certifications environnementales ISO 14001 et E.M.A.S.